Julius Baumann

Die Grundfrage der Religion

Versuch einer auf den realen Wissenschaften beruhenden Gotteslehre

Julius Baumann

Die Grundfrage der Religion
Versuch einer auf den realen Wissenschaften beruhenden Gotteslehre

ISBN/EAN: 9783743610736

Hergestellt in Europa, USA, Kanada, Australien, Japan

Cover: Foto ©Lupo / pixelio.de

Manufactured and distributed by brebook publishing software (www.brebook.com)

Julius Baumann

Die Grundfrage der Religion

Die Grundfrage der Religion.

Versuch einer auf den realen Wissenschaften ruhenden Gotteslehre.

Von

Dr. Julius Baumann,

Ordentlichem Professor der Philosophie an der Universität Göttingen
Geheimem Regierungsrat.

Stuttgart.
Fr. Frommanns Verlag (E. Hauff).
1895.

Hofbuchdruckerei Carl Liebich, Stuttgart.

Vorwort.

In der Schrift „Die grundlegenden Thatsachen zu einer wissenschaftlichen Welt- und Lebensansicht", welche kürzlich erschienen ist, habe ich an mehreren Stellen darauf hingewiesen, daß die Ergebnisse der Naturwissenschaften wohl noch Raum für eine wissenschaftliche Gottesvorstellung lassen. Den Versuch einer solchen wissenschaftlichen Gotteslehre lege ich nunmehr vor. Daß eine solche mir nicht früher gelingen wollte, kommt davon, daß wir in der Gewohnheit stecken, in der Gottesvorstellung sofort die idealisierende Thätigkeit des menschlichen Geistes vorwalten zu lassen, wodurch alsbald unlösbare Schwierigkeiten entstehen. Wissenschaftlich ist auch hier allein das Verfahren, vom Gegebenen auszugehen und zu demselben wieder zurückzukehren, das Idealisieren nur als ein Exaktmachen des Gegebenen nach dessen eigenen Andeutungen verwertend.

Inhalt.

                                                    Seite

1. Religion im Allgemeinen 7
2. Ist Religion subjektiv oder objektiv? 11
3. Die christliche Religion in Harnack's Dogmengeschichte . . . 23
4. Versuch einer auf den realen Wissenschaften ruhenden, also objektiven Gotteslehre 41

1. Religion im Allgemeinen.

Daß Religion nicht eine künstliche Erfindung schlauer Menschen ist, um ihre Mitmenschen zu beherrschen, ist längst anerkannt. Sie entsteht nach Geschichte und Völkerkunde ganz von selbst, unwillkürlich, fast in jedem Menschen, ist ein natürliches Erzeugnis des menschlichen Geistes. Und dazu ein höchst verwunderliches! Denn gerade bei nicht gebildeten Völkern ist sie so, daß dieselben unmittelbar zu dem, was sie wahrnehmen, göttliche Mächte als Bewirker oder als Hintergrund hinzudenken. Nun nehmen wir mit den Sinnen doch immer nur Sinnliches wahr, und je sorgfältiger die äußere Beobachtung wird, desto mehr halten wir uns an Vorhergehen und Folgen sinnlicher Vorgänge oder an ein Zusammensein solcher; aber in alten Zeiten ging die Sonne nicht auf, ohne daß auch die Vorstellung des göttlichen Wesens in der Sonne in der Seele des Beschauers entstand und er dasselbe verehrend begrüßte, und kein Mensch fiel plötzlich tot nieder, ohne daß dem Gemüt die Vorstellung der Todesgöttin oder des Todesgottes sich aufdrängte, der ihn mit seinen Waffen getroffen habe. Es ist eine Vorstellungskraft über Endliches hinaus im menschlichen Geist, mag man dies nennen wie man will, Idealisieren oder Unendlichkeitsgefühl oder sonstwie. Wo dem Menschen etwas einen besonderen Eindruck macht, taucht diese Vorstellung zugleich mit auf und verbindet sich irgendwie mit dem Eindruck. Noch bei uns sieht der gemeine Mann den Finger Gottes gern in überraschendem, plötzlichem Eintreten von Ereignissen, die wohlberechtigte menschliche Erwartung störend zerreißen! Gott will nach ihm damit zeigen, daß es noch auf ihn ankomme. Religion hat daher als Vorstellung überirdischer Mächte, als Idealisieren oder als Unendlichkeitsgefühl eine sehr starke Stelle im menschlichen Geiste von Haus aus, nur scheint ihr Auftauchen eine gewisse lebhaftere Entwicklung des menschlichen Geisteslebens zu erfordern. So hat man bei Idioten, bei Taubstummen nur sehr dürftige und manchmal gar keine rechte Empfänglichkeit für religiöse Vorstellungen bemerkt; sobald es aber gelang, ihr Geistesleben mehr zu entfalten, stellte sich die religiöse Seite des normalen Geisteslebens auch bei ihnen ein.

Daß also Religion eine natürliche Ausstattung normalen menschlichen Geisteslebens ist, darf uns fest stehen. Damit schien vielen auch entschieden die Wahrheit der Religion, b. h. es schien ihnen gewiß, daß solche überirdische Mächte oder ein Unendliches auch unabhängig vom menschlichen Geiste und den Gedanken desselben vorhanden sei. Die innerliche Gewißheit der Existenz des Unendlichen gilt noch heute vielen als etwas ganz Unzweifelhaftes. So erzählt Martensen, der dänische Bischof, in seinem Leben, daß ihm im Hinblick auf die irdische Unvollkommenheit stets der Gedanke einer höheren vollkommenen Welt als existierender sich unmittelbar aufgedrängt habe. Etwas Ähnliches liegt zu grunde bei Platos Lehre, daß vollkommene Musterbilder das eigentlich wahrhaft Seiende wären und unsere Sinneswelt nur ein unvollkommenes Abbild jener, in Descartes Behauptung, daß unserem Geist die Idee des Unendlichen nur von diesem selbst eingedrückt sein könne, und in der Malebranche's, daß der Idee des Endlichen die des Unendlichen voraufgehe; denn Endliches sei Eingeschränktes, weise also stets auf ein Uneingeschränktes hin.

Diese Selbstgewißheit der Religion ist besonders da vorhanden, wo die Vorstellung des Überirdischen sehr stark und kräftig und voll, gleichsam überwältigend in der Seele auftritt. Wo das nicht der Fall war, war doch immer ein Fundament dafür da, solche Vorstellung von denen, in welchen sie stark war, aufzunehmen. Einzelnen Geistern drängten sich religiöse Vorstellungen und Gefühle sehr lebhaft auf, diese waren davon nicht bloß für ihre Person ergriffen, sondern sie teilten ihre religiösen Erlebnisse anderen mit, und fanden alsbald oder mit der Zeit Glauben, b. h., was ihnen unmittelbare göttliche Gewißheit war, das wurde den anderen durch sie vermittelte göttliche Gewißheit. Das Fundament religiöser Vorstellungen war auf alle Fälle in der Menschheit sehr verbreitet, aber nicht in jedem gleich rege und gleich lebhaft. Daher haben Religionsstifter die meisten Religionen auf der Erde gegründet, b. h. die lebhaften religiösen Geister haben die anderen nach sich gezogen und mit ihrem Inhalt erfüllt. Da die überirdischen Mächte eben als überirdische gedacht wurden, so kam man dadurch ja in ein günstiges Verhältnis zu ihnen, hatte Heil in diesem und eventuell in einem zukünftigen Leben. Man darf wohl annehmen, daß auch bei dem, was uns jetzt als Volksreligion, Volksglaube erscheint, ursprünglich einzelne es waren, von benen es ausging ober burch bie es seine feste Gestalt und Gebräuche erhielt.

Die so hervorgerufenen religiösen Vorstellungen waren sehr mannigfach über die ganze Erde und hatten bei demselben Volk oft verschiedene Phasen. Gewöhnlich war die Religion das, was wir jetzt Aberglaube nennen, aber mitten in demselben kamen auch höhere Vorstellungen vor. So war nach Ed. Meyer (Geschichte des Altertums) im ältesten Ägypten die Hauptaufgabe der Geheimlehre wie der Zauberkunst, die Namen der schädigenden oder helfenden dämonischen Wesen zu erfahren, sie zu besänftigen oder über sie die Herrschaft zu gewinnen. Es bestand dort nicht ein ursprüngliches Vorherrschen eines Gottes, also auch nicht Annäherung an die Lehre von einem Gott; aber schon in der 7.—10. Dynastie bildete sich eine Geheimlehre aus von dem einen uranfänglichen ewigen Sonnengott, der die Welt beherrscht und in ihr sich manifestiert, von dem alle anderen Gottheiten lediglich Formen (oder Namen) sind, von dem auch der Menschengeist (als Osiris) nur ein Ausfluß ist, der nach dem Tode wieder zu ihm zurückkehrt. Damit verbunden war aber Magie und Phantasterei. — Bei den Summerern und Akkadern (der Grundlage der babylonisch-assyrischen Cultur) bilden die Heiligtümer der großen Götter den Mittelpunkt der einzelnen Distrikte, und aus ihnen, so scheint es, sind ähnlich wie in Ägypten die Städte Babyloniens überall erst erwachsen (Mondgott, Meergott, Sonnengott). Die assyrischen Könige fragten bei jeder wichtigen Staats- und Familienaktion bei den Priestern der Gottheit über den Ausfall derselben an, und diese ließen ihnen, nachdem sie mittelst Haruspicin den Willen der Götter erforscht, dann meistens wohl briefliche Antwort zukommen. In den Hymnen der altbabylonischen Zeit glaubte man Vorläufer der Bußpsalmen des Alten Testamentes zu entdecken. Ed. Meyer bemerkt darüber: bei den Altbabyloniern zürnen die Götter sehr oft aus Laune; das Schuldigbekennen ist nur ein Mittel mit Gebet und Opfer zur Besänftigung. Die (dortigen) Bußpsalmen sind (wie in den Veden) rein praktischer Tendenz. Am bekanntesten pflegt unter den außerchristlichen Religionen uns die griechische zu sein, aber eigentlich mehr nur als dichterische Gebilde. Auch bei ihr drängten sich schon in älterer Zeit ernstere Elemente ein. So bemerkt Ed. Meyer über den Demeter- und Dionysosdienst: „Die persönliche Beteiligung, die Durchdringung mit der Gottheit in den Orgien der Demeter und des Dionysos, die unmittelbare Verbindung mit den ewigen Mächten durch die Weihung der Mysterien, der Segen, der dadurch auf Erden wie im Reiche des Hades gesichert wird, das sind die neuen Momente, die sie in die religiöse Entwicklung Griechenlands bringen. Die Dionysosreligion hat sich in der Orphik zum vollen Pantheismus entwickelt. Die halb stofflichen, halb begrifflichen Urelemente sind ewig, noch keine Götter, aber die Wurzeln des Göttlichen. Sie schaffen aus sich die e i n e große Gottheit, die das All schafft, durchdringt und belebt (Phanes-Dionysos). Die Orphiker wollen den Menschen zur ewigen Seligkeit führen und ihn erlösen aus den Qualen des Daseins. Immer ist es die einzelne Seele, an welche sich ihre Predigt wendet. Die Ceremonien allein genügen nicht. Der Gläubige soll sich heiligen. Sein größtes Verbrechen ist der Mord. Auch Tiertöten ist Frevel. Enthaltung von Fleischnahrung wird gefordert. Mit der alt-orphischen Theogonie hat die geistige Entwicklung Griechenlands dasselbe Stadium erreicht, auf dem die Kulturen der orientalischen Völker dauernd stehen geblieben sind."

Selbst die Religion der sogenannten Naturvölker hat bei näherer Bekanntschaft neben dem Aberglauben tiefere Vorstellungen gezeigt. Bastian (Controversen in der Ethnologie. III. Über Fetische und Zugehöriges) berichtet darüber: Unter den Negern Guineas fanden die portugiesischen Entdecker, was sie selbst in Amuletten oder Talismanen (kirchlicher Weise) umgehängt hatten, Fetische (feitiço, von fascinum). In Ober- und Niederguinea war ein Gottesbegriff, der aber so hoch und fern hinaufreicht, daß er im täglichen Leben nur wenig zur Erwähnung gelangt; er ist zu hehr und erhaben, um durch den gemeinen Mann belästigt werden zu dürfen. Der Fetisch ist der tägliche Schutzgott, im „Angang" gefunden. Meist hatte die Verehrung des Idols im Privatkult statt, während vornehme „Wong" im öffentlich aufgerichteten Temenos verehrt werden. Ein Neger erklärte sich so: „Wenn wir entschlossen sind, etwas von Wichtigkeit zu unternehmen, so suchen wir zuerst einen Gott aus, der uns bei dem Unternehmen Glück gebe, und indem wir mit dieser Absicht aus dem Hause treten, nehmen wir das erste, was sich unseren Augen darbietet, dazu." Aber ein solcher Fetisch predigte auch (durch seinen Priester): „Liebet ihr nicht das Gute und übt dasselbe, und hasset ihr nicht das Böse und unterlaßt es, so will ich eher selber euren Feinden beistehen, daß sie euch umbringen sollen." Gewöhnlich wird der Fetisch von dem unterwürfigen Neger, wenn er nicht zu helfen scheint, mit Schmeicheleien oder Begütigungen behandelt, nur selten schreitet er zu Gewaltthätigkeiten gegen ihn, während gerade von italienischen Bauern und Fischern berichtet wird, daß sie ihre Heiligenbilder schlagen und mißhandeln, wenn ihren Bitten nicht willfahrt worden ist. Portugiesische Matrosen setzten den heiligen Antonius auf den Bugspriet und ließen ihn den Unbilden des Wetters ausgesetzt, bis er günstigen Wind brachte.

Diese Beispiele zeigen ausreichend, daß in der naturwüchsigen Religion aller Orten auch ein Trieb zum Höheren liegt.

2. Ist Religion subjektiv oder objektiv?

Wir wenden uns jetzt zur Grundfrage der Religion, welche lautet: wenn Religion eine Fähigkeit des menschlichen Geistes bekundet zu Idealisieren über die Erde hinaus oder zum Unendlichen, liegt darin schon eine Bürgschaft ihrer Wahrheit, eine Bürgschaft, daß es ein Unendliches oder überirdische Mächte auch außer der menschlichen Vorstellung giebt? Diese Frage hat bekanntlich Kant verneint, so stark er behauptete, daß dem menschlichen Geist der Begriff oder der Gedanke des Unendlichen, des Unbedingten, einwohne. Nach Kant können wir von unseren Vorstellungen zunächst nur behaupten, daß sie unsere Vorstellungen sind; wenn sie mehr als das sein sollen, so giebt es für uns Menschen dafür nur eine Bürgschaft, nämlich daß zur Vorstellung auch ein Gegenstand in der Wahrnehmung, in der Empfindung aufgezeigt werden kann und zwar jedem Menschen, der ihn sehen, tasten, hören oder sonst mit Sinnen erproben will. Nun kann das Unbedingte, das Unendliche seinem Begriff nach nicht den Sinnen dargestellt werden, die bloß Bedingtes in Raum und Zeit auffassen, also können wir von dem Unbedingten bloß behaupten, daß wir es denken, ob es aber auch sei außer unserem Gedanken von ihm, das können wir weder bejahen noch verneinen. Den Trieb nach Höherem, der in der religiösen Vorstellung liegt, die Belebung der Hoffnung, die sie erweckt, hat Kant praktisch erhalten wollen, indem er meinte, wenn man Gott ansetze als das überirdische Wesen, welches den Ausgleich zwischen Tugend und Glückseligkeit (Wohlergehen), der auf Erden so oft fehle, herbeiführen werde, so werde unser Tugendstreben dadurch mächtig belebt. Er nannte das, Gott fordern (postulieren) um der Freudigkeit des sittlichen Strebens willen, lehrte aber nach wie vor, ein Beweis Gottes solle das nicht sein und könne das nicht sein.

Diese Kantische Entscheidung, in ihrem ersten Teil zunächst, ist bestreitbar; denn wir brauchten Gott nicht zu sehen, zu tasten ꝛc., und könnten doch durch das, was wir sehen, so auf seinen Gedanken geführt werden, daß wir gar nicht an seiner Existenz zweifeln könnten, innerlich, im zusammenhängenden Denken. Nach Kant selbst sehen wir alle bei Ursache und Wirkung die Notwendigkeit der Verknüpfung beider nie, aber wir zweifeln nicht, daß sie statthabe, d. h. wenn wir einen Funken in trockenes Pulver werfen, so sehen wir jedesmal, daß eine Explosion statt hat, aber die Notwendigkeit denken wir nur dazu; eben weil wir jedesmal das wahrnehmen, sind wir überzeugt, es folge das nicht bloß in der Zeit aufeinander, sondern es hänge das mit der Beschaffenheit der dabei beteiligten Elemente zusammen. Über das in den Empfindungen, den Wahrnehmungen Vorliegende hinauszugehen im wissenschaftlichen Denken sind wir durch Eigentümlichkeiten des in der Empfindung Gegebenen selbst genötigt; so macht das unmittelbar Gegebene den Eindruck des kontinuierlichen Zusammenhangs, aber bei näherem Zusehen führt es darauf, daß Materie diskret anzusetzen sei. Man könnte also denken, daß wir als endliche Wesen Gott nie weder mit Augen des Fleisches noch selbst des Geistes sehen könnten, auch nicht in der sogenannten Schauung Gottes in der Ewigkeit, und doch fest überzeugt wären, er sei und wir seien fort und fort durch ihn.

Der Grund, warum man der Religion nicht Wirklichkeit ihres Inhaltes aus sich selbst zuschreiben kann, ist der, daß dann alle Religionen wahr sein müßten, wodurch Dasselbe in Einem Atem bejaht und verneint würde. Denn mit derselben unmittelbaren Gewißheit würde dann der Eine viele Götter behaupten, der andere bloß Einen Gott, der kirchliche Christ die Dreieinigkeit, der Muhammedaner den einen Gott, der keinen Sohn habe, die Einen die Einheit von Gott und Welt (Pantheismus in Indien), die Anderen die strenge Geschiedenheit beider, wenngleich gänzliche Abhängigkeit der Welt von Gott u. s. f. Dasselbe gilt auch von Kant's Forderung Gottes aus praktisch moralischer Absicht. Er setzt dabei voraus, daß geistiges Leben in steter Entwickelung, wenn auch mit steter sinnlicher Bedingtheit, ein Gut sei, nach dem jeder Mensch und alle zusammen streben und streben sollen. Dem widersetzt sich der Buddhismus, der noch heute vielleicht mehr Bekenner zählt als das Christentum, und mit derselben Gewißheit innerlich erfährt, daß Leben Leiden ist, und daß Loslösung vom Leben in jeder Form, der sinnlichen wie der geistigen, das Ziel ist, und Nirvana, Verlöschen jedes Daseinsgefühls, das Ende des Strebens ist, das ohne Gott, alles nach bloß menschlicher Einsicht und Erkenntnis vom Weltgang, erreicht werden kann. Aber auch schon der Pantheismus fühlt ganz anders als Kant. Ihm ist das Aufgehen der scheinbar individuellen Seele in Gott das Höchste, ein endloses Fortschreiten erscheint ihm wie ein Lechzen nach Stillung des Durstes, ohne daß er je voll gestillt werde. Der Hegelschen Schule war Unsterblichkeit gegenwärtige Qualität, d. h. wie es z. B. der Theologe Biedermann noch gefaßt hat, „an dem göttlichen Leben mit Bewußtsein teilnehmen und ewiges Leben haben ist ein und dasselbe."

Sind aber nicht die geoffenbarten Religionen großen Stils Bürgschaft ihrer Wahrheit? Eben weil Religion, so natürlich sie dem Menschen ist, mannigfach und in vielerlei Art sich gestaltet, scheint solche Offenbarung eine unmittelbare göttliche Abhilfe drohender Mangelhaftigkeit zu sein. Wenn es nur nicht zu viele Offenbarungen gäbe, so daß wir wieder nach einem Merkmal zu suchen genötigt sind, an welchem sich die echte Offenbarung erkennen läßt! In der christlichen Offenbarung hat man besonderen Nachdruck gelegt auf das, was man das Zeugnis des hl. Geistes in den Herzen nennt, daß nämlich durch Hinhören auf Christum und seine Verkündigung ein neuer Geist, eine neue innere Gesinnung im Menschen entstehe, welche zugleich die Gewißheit mit sich führe von Gott her zu sein. Jetzt ist für diese eigentliche christliche Gewißheit als Anknüpfungspunkt noch sehr beliebt der Kantische moralische Vernunftglaube. Aber schon die mittelalterlichen Jahrhunderte und die der neueren Zeit haben in der mannigfachsten Weise solche innere Bewährung geschildert. So sagen die Victoriner im 12. Jahrh. aus: immer ist das menschliche Herz in Unruhe; wie eine Mühle mahlt, zerreibt, verarbeitet es alles, was man auch aufschütte. Zur Ruhe und Einheit mit sich selbst kommt es nur durch Gott, mit Gott aber kann man sich nur vereinigen durch die Liebe. Wenn der menschliche Geist über sich selbst hinaus entzückt wird, überschreitet er alle Engen menschlichen Denkens. Nach Fenelon (17. Jahrh.) c'est là tout notre bien que de souffrir des maux dans ce monde avec l'espérance d'une éternelle consolation; gerade die aus Leiden erblühende Hoffnung ewiger Tröstung giebt die christliche Gewißheit. Nach St. Evoremont (aus derselben Zeit) beweist sich die christliche Religion dadurch, daß sie mildert, was wild in uns ist. Die Kantische Art, Religion zu sichern, ist vor Kant sehr deutlich bei Rousseau und Voltaire; von jenem ist das Wort désire toujours que Dieu soit, et tu n'en douteras jamais, von diesem: „Das Hauptinteresse ist nicht, metaphysisch zu schließen, sondern zu erwägen, ob es zum gemeinsamen Besten von uns thierischen und denkenden Wesen nötig sei, einen lohnenden und strafenden Gott anzunehmen, welcher uns zugleich bezähmt und tröstet, oder diesen Gedanken zu verwerfen und uns unseren Unfällen ohne Hoffnung und unseren Verbrechen ohne Gewissensbisse hinzugeben." Joh. Müller, der Geschichtsschreiber, sagt von der Unsterblichkeit: „Aber das Gefühl stärkt mich; es ist in meiner Seele, daß ich unsterblich bin." Nach der Ritschl'schen Theologie beruht Religion auf Wertbeurteilung (Kantisch) und auf der Offenbarung Gottes in Christo. Die Religionsstifter vermitteln andern dasjenige, was diese bedürfen; sie sind Träger der religiösen Werte, die die andern sich im Gefühl aneignen, und deren objektive Realität in der subjektiven Erfahrung des Lebens die Probe besteht. Nach Bornemann („Unterricht im Christentum") ist das Evangelium Leben, keine Lehre, keine theoretische Welterklärung, sondern praktisch-erfahrungsmäßige Überzeugung; trotz seines geschichtlichen Charakters ist das Christentum eine gegenwärtige Macht der persönlichen Erfahrung, und ist inneres Erfahren der Güter der christlichen Religion das wahre Wesen evangelischer Frömmigkeit. Um auch einen Philosophen zu hören, so ist nach Seydels Religionsphilosophie Glauben soviel wie eigene Begeisterung, Trieb des Begehrens in uns, der auf das Vollkommene geht.

Daß mit dieser inneren Gewißheit nicht durchzukommen ist, wird freilich klar, sobald wir sehen, wie entgegengesetzt selbst unter Evangelischen die religiösen Vorstellungen sind. Ritschls Anschauung von der Person Christi ist ohne Präexistenz und ohne wesenhafte Gottheit. Luthard, der sich im Christentum auf die sittliche Gewißheit und Erfahrung und auf die geschichtlichen Thatsachen des Heils bei der Dogmatik zurückziehen und beschränken will, urteilt dann: „Wenn der Mittelpunkt der heiligen Geschichte Menschwerdung und Tod Jesu Christi ist, gerade diese Thatsachen aber, in denen Gott selbst in seinem Sohn in die Geschichte eingetreten und sich in unsere unterste Tiefe begeben hat, unglaublich sind, — müssen wir nicht selbst zuerst bemütiger werden, um jene Demut Gottes zu verstehen und in ihr gerade seine gotteswürdigste Herrlichkeit zu erkennen?" — Und wie verschieden ist wieder die katholisch-christliche Frömmigkeit und daraus fließende Sittlichkeit in aller Aufrichtigkeit von der protestantischen!

Nach dem Tode ihres Gatten hat die hl. Elisabeth zu Gott gebetet, daß er ihre so große Liebe zu ihren Kindern von ihr nehmen sollte, hat dann frohlockt, daß sie ihr nicht näher ständen als jedes andere Kind, ja sie hat sich völlig von ihnen getrennt, während sie alle Künste und Mittel anwandte, um die Kinder fremder Leute zu pflegen. Luther würde dies als selbsterfundene Werke der Heiligen verworfen haben; nach ihm soll man Gott in seinen natürlichen Verhältnissen, in Staat, Beruf, Ehe dienen mit gläubigem Vertrauen auf ihn in Christo. Die besondere katholische Volksfrömmigkeit ist gut von Cellini, den niemand der Unaufrichtigkeit bezüchtigen wird, in seiner Lebensbeschreibung von ihm selbst geschildert: Er liest die Bibel im Kerker und betrachtet mit Erstaunen die Gewalt des göttlichen Einflusses auf diese einfältigen Menschen, die mit so großer Inbrunst glaubten, daß Gott ihnen alles zu Gefallen thun würde, was sie sich nur gedacht hatten, und so versprach ich mir, fährt er fort, auch die Hilfe Gottes. „Beständig, bald mit Gebet, bald mit Gesprächen, wendete ich mich zu Gott, und fühlte ein so großes Vergnügen bei diesen Gedanken, daß ich mich keines anderen Verdrusses erinnerte, den ich gehabt haben möchte. — Ich betete einen Gott Vater an, von Engeln umgeben, und einen auferweckten triumphierenden Christus, die ich mit einem Stückchen Kohle an die Mauer gezeichnet hatte. — Nachdem ich 4 Monate rücklings auf dem Bette wegen des zerbrochenen Fußes gelegen und so oft geträumt hatte, die Engel kämen mich zu heilen, so war ich zuletzt ganz gesund geworden, als wenn ich niemals beschädigt gewesen wäre." Das Katholische und gerade Katholisch-italienische ist hierbei, daß Cellini Wunder liebt und Bilder anbeten muß. Barzelotti hat neuerdings ganz richtig darauf hingewiesen, daß die italienische Frömmigkeit wie die altlateinische in Riten und Übungen mit Verehrung der Bilder bestehe, und daß das Papsttum die nicht über Italien gebracht, sondern bloß sanktioniert habe, was naiv italienische Frömmigkeit stets gewesen sei. Die geistlichen Exercitien der Jesuiten sind nach der eigenen inneren Erfahrung des Ignatius entworfen und werden noch fort und fort nach denselben Anweisungen mit demselben Erfolg gemacht. Aber worin viele Katholiken so höchste religiöse Förderung finden, das haben die alten Protestanten für Eingebungen Satans erklärt, und die neuen werden es für subjektive Gebilde halten.

Es steht so nicht bloß die innere Gewißheit des Protestanten gegen die innere Gewißheit des Katholiken, sondern wenn man zu den kleineren protestantischen Gemeinschaften geht, so giebt es da immer noch mehr innere Gewißheiten, die einander fremd sind und einander ausdrücklich ablehnen. Aber auch den anderen offenbarten Religionen fehlt die innere Gewißheit nicht. Der Mann, auf welchen sich der neuere Islam seit 1100 c. gründet, Algazali aus Khorassan, stützt sich auf den Koran wie die Christen auf die Bibel. Durch die Kenntnis der Koranlehre und das Handeln darnach bereitet sich der Mensch zur unmittelbaren Anschauung der Wahrheit, welche beseligende Gewißheit des Göttlichen mit sich führt. Wir haben auch wohl alle in unserer Jugend mit großer Erbauung Erzählungen aus 1001 Nacht gelesen, in welchen der Islam als die Religion der Ergebung in Gottes Wille und Leitung oft ergreifend genug auftritt. Eine Grundgesinnung des Islam drückt Firdusi erhaben so aus: „Was suchst du nur in diesem Pilgerhaus? In Freuden ziehst du ein, in Kummer aus. Thu lebend Gutes, dann wird als Belohnung Dir Glück zuteil in einer anderen Wohnung." Wie großartig die hellenische Religion konnte verwendet werden, ist aus Sophokles und Äschylos bekannt, und wie oft ist das Wort Homers bewundert worden: „alle Menschen bedürfen der Götter." Aus den bei uns bekannten indischen Dramen wie Sakuntala oder indischen Heldengedichten ist uns die indische Frömmigkeit längst nicht mehr fremd. Daß von Buddha's Statue in in ihrer eigentümlichen Stellung eine gewisse Ruhe auf den Beschauer übergeht, läßt sich selbst von uns Europäern nachempfinden, obwohl der Buddhismus eigentlich keine Religion ist, sondern Erlösung vom Leib der Welt ohne einen Gott. Ähnliches wie von der indischen Religion gilt von Laotse, und Confucius ist lange bei uns als das Muster eines Weisen gepriesen worden, der darauf vertraut, daß dem, der recht thut, es nach der göttlichen Weltordnung auch gut geht.

Wahrlich, es scheint mit der Religion zu stehen wie mit der Poesie oder Kunst oder Musik; jeder hat sein Lieblingslied, sein Lieblingsbild, seine Lieblingsmelodie, die ihn in allen Lagen erfreut oder tröstet, und an die er nur zu denken braucht, um sich gehoben oder zurechtgestellt zu fühlen. Wie es denn Renan rund herausgesagt hat: „Religion kann einen ästhetisch-symbolischen Wert haben. Was man nicht glaubt, kann man doch lieben. Man kann seinen Roman des Unendlichen dichten. Jesu Legende wird ewig Thränen hervorrufen, seine Leiden werden die besten Menschen rühren. Unter den Söhnen der Menschen wird kein größerer geboren worden sein als Jesus." Für Renan war le plaisir de l'émotion religieuse das höchste Vergnügen.

Wenn so aus der Selbstgewißheit jeder Religion keine Sicherheit ihrer Wahrheit entnommen werden kann, so liegt es nahe, sich nach anderen Bürgschaften solcher Wahrheit umzusehen. In der That bietet das älteste Christentum, wie es uns überliefert ist, solche dar. Dies älteste Christentum ist überliefert in den 3 ersten Evangelien. Das Evangelium des Markus z. B., mag es nun das älteste der erhaltenen sein oder den Matthäus und Lukas schon benützen, berichtet in Kürze dies: Jesus trat als Messias, Sohn Gottes, auf. Er verkündet die Nähe des Himmelreichs. Er ist von Wundern umgeben und thut Wunder. Von 1435 Zeilen, die das Evangelium bei Lachmann ausmachen, kommen 543 auf Wunder und Weissagungen, also mehr als $^1/_3$ des Ganzen. Jesus beruft sich auf die Wunder als die deutliche Probe seiner göttlichen Sendung. Die Summe von Jesu Verkündigung ist: durch eine sich selbst bezwingende praktische Liebe zu den Menschen kommen wir in das richtige Verhältnis zu Gott und zu dem Ziel der ewigen Seligkeit, zu welchem Gott die Geister geschaffen hat. Zur vollen Erfüllung des göttlichen Willens ist erforderlich ein Anschluß an Jesum persönlich, wie die Jünger ihn hatten. Er ist der Weltrichter und wird bald zum Weltgericht wiederkehren. Die an ihn Gläubigen haben Macht über die Dämonen und thun ähnlich wie Christus Wunder, ihr Gebet wird erhört. — Hier haben wir Anhaltspunkte, außer der inneren Gewißheit zu äußeren Gewißheiten zu gelangen: 1. Wunder zu thun ist nicht ein Vorzug Christi allein, sondern es wird allen Christen zugeschrieben, wenn sie nur den festen Glauben haben, und sobald sie außerdem dabei durch Liebe gegen den Nächsten in dem richtigen Verhältnis zu Gott stehen. Es ist dies sogar ein Hauptgedanke Christi. 2. Denkt sich Jesus als Messias im Sinne baldigen Weltendes; es schließt sich nach seinen von den einzigen ältesten Zeugnissen unzweifelhaft überlieferten Worten in ihm und bald nach seinen letzten Erbenschicksalen wiederum durch ihn das ab, was Gott gewollt und worauf er bisher mit allem gezielt hat, was er that. 3. beruft Christus sich für die ganze Stellung, die er sich giebt, und auch für den Inhalt seiner Lehre auf das alte Testament, er sieht sich in demselben geweissagt und vorbereitet. Hier ist also eine äußere Probe auf Christi Lehre zu machen, aber diese Probe bewährt dieselbe nicht. Nach 1 wäre zu erwarten, daß unter den Christen täglich Wunder vollbracht würden von Christen. Es giebt solcher wohl nicht ganz wenige, die in Glauben und Versöhnlichkeit mindestens den Jüngern gleichen, als diese ausgesandt wurden und predigten unter Wundervollbringungen. Die katholische Kirche hält diesen Punkt noch fest und hat neuerdings wieder beglaubigte Wunder veröffentlicht, die beim hl. Rock in Trier geschehen seien, und hat bei Heiligsprechungen vielfach beglaubigte Wunder behauptet. Aber diese Wunder sind meist von der Art, wie sie auch sonst vorkommen, sog. Heilungswunder, die durch Anregung der Nervenkraft bei besonderen Individuen in mannigfacher Weise ohne alle Rücksicht auf Religion vorkommen. Von da aus liegt es nahe, auch die Heilungswunder Christi so zu erklären. Der 2. Punkt, der baldige Abschluß des Weltlaufs in Herrlichkeit und Macht, ist gleichfalls nicht eingetroffen. Dadurch, daß Jesus diese Erwartung hatte, erklärt sich namentlich die Forderung, die Güter an die Armen als Almosen zu geben, als die zweckmäßigste Art des Wohlthuns, es wird auf keine lange Entwicklung mehr gerechnet. Schon bei dem griechischen Redner Isokrates kommt die richtige Verwendung des Reichtums aber zur Sprache, nämlich daß die Reichen denselben behalten, aber zum besten ihrer Mitbürger verwenden dadurch, daß sie denselben ein Landgut zu nicht zu hohem Preis verpachten oder ihnen Mittel verschaffen etwa ein Handelsgeschäft anzufangen; und es wird von einer Zeit der attischen Geschichte gerühmt, wo auch die Nichtbesitzenden die mögliche gemeinnützige Funktion des Reichtums anerkannten und daher als Richter in Privatprozessen streng auf Rechtgebung auch an die Besitzenden hielten.

Gegen die Probe der Wunder und des baldigen Weltendes erhebt man wohl die Ausflüchte, Wunder seien zurückgetreten, als dieselben nicht mehr nötig gewesen, d. h., als das Christentum in der Welt Wurzel geschlagen, und die Jünger möchten wohl getrennte Weissagungen über Tempelzerstörung und Weltgericht zusammengeworfen haben. Um so gewaltiger und unwidersprechlicher erhebt sich der letzte Punkt, Christi Auffassung des alten Testamentes. Diese ist nicht haltbar. Man muß erst das alte Testament christlich umdeuten, um das nicht zu finden; nach grammatisch-historischer Auslegung ist diese Umdeutung aber ganz unzulässig. Christus hat ganz andere Vorstellungen von Gott und seinem Willen, als das alte Testament sie giebt. Daß er in den Psalmen und Propheten Vorläufer hat, daß im Alten Testament einige Elemente zu seinen Vorstellungen liegen, ändert die Sache nicht; Christi ganze in sich konsequent gemachte Vorstellung führt aus dem alten Testament hinaus. Aber auch dies alte Testament selbst kann in keiner Weise als eine

Offenbarung Gottes im früheren Sinne betrachtet werden. Daß z. B. das Buch Daniel zur Zeit des Antiochus Epiphanes, also im 2. Jahrhundert vor Christo, entstanden ist, und seine ganze Einkleibung und angebliche Weissagung erdichtet ist, steht für alle, welche überhaupt wissen, was grammatisch-historische Forschung ist, seit langem fest, und gerade aus diesem Buch hat Jesus den Ausdruck Menschensohn für Weltrichter und seine ganze weltrichterliche baldige Erwartung genommen. Ebenso ist das Buch Esther bestenfalls ein frommer geschichtlicher Betrug, wie solche im christlichen Mittelalter viele, im Altertum bei Griechen und Römern genug vorkommen. Das hohe Lied hat ursprünglich nichts mit Religion zu thun. Seit der Entzifferung der assyrisch-babylonischen Keilinschriften kann nicht mehr bezweifelt werden, daß wir im 1. Buch Mosis die babylonische Kosmogonie hebräisiert vor uns haben. Seit man nichthebräische Zeugnisse zur Prüfung des hebräischen Schrifttums hat, haben Wellhausen und Stabe feststellen können, daß zwar die ältesten Aufzeichnungen des alten Testamentes, wo sie sich aus dem uns vorliegenden Material herausschälen lassen, vielfach völlig authentisches, zum Teil fast urkundliches Material geben, daß aber durch die späteren Zusätze der Sachverhalt mehr und mehr entstellt und schließlich völlig und bewußt gefälscht wird. So gehört z. B. das Deuteronomium ins 7. Jahrhundert, ist eine Unterschiebung durch Hilkia unter Josia. Durchaus christlich gesinnte Männer denken sich auf Grund unbefangenen Studiums der hebräischen Litteratur die religiöse Entwicklung der Hebräer etwa folgendermaßen:

Es sind deutliche Spuren des Ahnenkultus und des Animismus, selbst des Fetischismus in der Überlieferung vorhanden. Aus dem alten und mit andern Semiten gemeinsamen Naturgott El Schabai wird durch Moses Jahwe. Die kanaanitischen Götter werden bezüglich Existenz und Göttlichkeit lange neben Jahwe nicht in Frage gestellt. Nur ist Jahwe der erste unter gleichen, Gott des Sieges über die Feinde seines Volkes, im Innern der Gott des nationalen Rechtes und Gesetzes. Jahwe war ein Nationalgott, der im Grunde nur für das Volk als Ganzes da war. Auch zur Ausbildung oder irgendwie bemerkbaren sittlichen Wirkung des Unsterblichkeitsglaubens kam es nicht. — Die hebräische Prophetie wird meist auch von diesen Männern noch überschätzt. Zuzugeben ist, daß sie bestimmte rein sittliche Eigenschaften im Herzen des Menschen in direkte Beziehung zum Begriff des Dienstes Gottes setzte und einen ausgeprägten sittlichen Monotheismus zur Volksreligion machte. Das gilt z. B. gewiß von Jesaia, aber nun nehme man das ganze seiner Verkündigung: „In Israel hat Jahwe seinen Wohnsitz genommen, er thront auf Sion. Jerusalem und sein Tempel werden der Vernichtung entrinnen. Aus Davids Haus wird ein Erretter erstehen, der seinem Volk das Heil bringt. Dann am Ende der Tage werden alle Völker sich um Sion scharen, um von hier die Lehre zu empfangen und Jahwe als ihren Herrn zu ehren; auch Israel (die zehn Stämme) wird sich bekehrt haben und Friede herrschen in der ganzen Welt." Das ist alles nicht eingetroffen, ebensowenig wie die Prophezeiung von der „ewigen Roma" oder Prophezeiungen griechischer Orakel. Das Sittliche des Prophetentums ist gewiß trefflich, aber oben ist schon erwähnt, daß auch der Fetisch durch seine Priester den Negern sittliche Ermahnungen giebt. Die alttestamentlichen Propheten sind eine Vereinigung von volkstümlichen Politikern, Orakelspendern und sittlichen Weisheitslehrern. Was bei den Griechen zum Teil auseinanderfiel, ist da zusammen. Es gab auch Propheten, z. B. zu Jeremias Zeit, die anders weissagten im Namen Jahwes, gewiß ebenso vom Geist getrieben, d. h. innerlich durch die Ereignisse erregt wie er. — Nach Jerem. C. 23 wird ein König aus Davids Stamm nach Zurückführung des Volkes in Israel sein. Diese Weissagung von Jeremias selbst ist nicht erfüllt. Jeremias bekämpft stets die Götzenbilder, wirklich meinend, wie alle alttestamentlichen Propheten, sie wären der Völker Götter selber. Aber diesen war die Verehrung eines Gottes nur an diese Bilder gebunden, etwa wie dem frommen Juden die Verehrung Gottes in besonderer Weise an Jerusalem gebunden war. Bei Ezechiel ist Grundsünde, andere Götter als Jahwe anzubeten, erst 16, 49 wird dessen gedacht, daß die Hand des Armen und Dürftigen gestützt werden müsse. Von Cyrus und dem Untergang Babylons durch Meder und Perser hat er nicht geweissagt, ein Zeichen, daß prophetische Weissagung nur ein zäher Glaube an die Unverwüstlichkeit des eigenen Volkes war, das aber selber zwischen dem prophetisch-nationalen Gott und den allgemein-kanaanitischen Göttern stets schwankte. Dieser Glaube an die Unverwüstlichkeit des eignen Volkes ist ähnlich, wie in Peru die Indianer noch immer erwarten, daß die Incazeit wiederkehren werde. Ezechiel Kap. 34, die Verheißung der Wiederansiedlung Israels (der Gedrückten und Geplagten) im Lande Israel unter einem davidischen König im Schutze Gottes in Selbständigkeit und

Unabhängigkeit, ist nicht eingetroffen. Ebenso nicht Kap. 37 die Weissagung über die Heimführung der Stämme Israels aus allen Völkern und die Vereinigung mit Juda unter einem König. Kap. 43, der Tempel auf ewig, ist nicht erfüllt. Kap. 44 spricht, als ob nie eine Gesetzgebung vorher gewesen, und seine Gesetzgebung ist Opfer und rituell und juridisch; ebenso Kap. 45 f. — Selbst im 2. Jesaia wird Israel als das erwählte Volk Gottes etwa so gedacht, wie Delphi der Mittelpunkt der Erde bei den Griechen war, oder die Römer, die Herren des Erdkreises durch Jupiter Optimus Maximus, unter den Kaisern ernährt wurden durch den Erdkreis. Die Völker und Könige bringen Jerusalem Ehrengeschenke. Die Frömmigkeit ist ihm wesentlich rituell, aber auch Barmherzigkeit gegen die Volksgenossen. Höchstens wird erwartet, daß einer oder der andere aus allen Völkern sich Israel anschließe (welches dadurch gerade seine Prärogative behält).

Wenn es wahr ist, daß erst die Makkabäerzeit das Judentum zur verknöcherten Gesetzesreligion gemacht hat, so ist diese Gesetzesreligion durch die Propheten selbst vorbereitet gewesen und hat auf jeden Fall mehr erreicht als sie, d. h. hat das Volk wirklich erhalten. Man kann wohl von der Prophetenzeit sagen: wären Israel und Juda noch so religiös korrekt gewesen im prophetischen Sinne, die politische Unabhängigkeit hätten sie nicht behaupten können zwischen den ringenden Weltmächten. Später bestand das jüdische Volk als ein Vorposten der persischen Herrschaft (durch Cyrus), immer in Anlehnung oder ausdrücklich abhängig. Die Makkabäerzeit war nur möglich beim schon eingetretenen Sinken des seleucidischen Reiches und in baldigem Anschluß an eine der dortigen Parteien. Ja, man kann sagen, aus Palästina sind die späteren Juden vertrieben worden durch die Nachwirkung der Propheten. Denn da man nun doch schließlich etwa so war, wie Ezechiel es verlangt, so hielt man sich überzeugt, auch die politische Unabhängigkeit erringen zu können, und glaubte durch solche Versuche die alleinige Gottesherrschaft über das Volk zu verwirklichen.

Harnack bemerkt in der „Dogmengeschichte" bei Augustin: „Noch hat es in der Welt keinen starken religiösen Glauben gegeben, der nicht an irgend einem entscheidenden Punkt sich auf eine äußere Autorität berufen hätte. Christus hat sich auf die Autorität des Alten Testamentes, die alten Christen haben sich auf den Weissagungsbeweis, Augustin hat sich auf die Kirche, selbst Luther sich auf das geschriebene Wort Gottes berufen." Nun ist die Berufung Christi auf das Alte Testament eine, welche ebensowenig probehaltig ist wie die Auffassung Christi vom baldigen Weltende und die von der Wunderkraft des Gebetes seiner Anhänger.

Die Zeit, als das Christentum in Judäa entstand, war eine für die Juden geistig sehr erregte. Die Juden riefen durch ihre Ausschließlichkeit und ihr Pochen auf ihren Gott als den einzig wahren selbst die Kritik anderer Völker heraus. Diese rechneten ihnen vor, daß sie ihre politische Selbständigkeit nicht hätten behaupten können, daß sie keine wertvolle Erfindung der Wissenschaft, der Kunst, der Technik gemacht hätten. Dem setzten sie nun entgegen (Josephus) in der allgemeinen Auflösung der alten Welt die Festigkeit ihres Gesetzes und die Hoffnung der (individuellen) Ewigkeit. Freilich die Sadducäer hegten diese Hoffnung nicht, sich an das geschriebene Gesetz haltend; vielleicht war sie angeregt durch die zoroastrische Religion (Perser), verstärkt durch griechischen Einfluß, und in der Märtyrerzeit der Makkabäer zum Volksglauben geworden. Die Eiferer, fühlend, daß die alten Propheten jede Unterwerfung von außen als eine Strafe für Abfall von Jahwe angesehen hatten, folgerten, daß zur pünktlichen Gesetzeserfüllung auch nur Gott ihr Herrscher sein dürfe, d. h. sie rebellierten gegen Rom eigentlich von dem Census unter Quirinius an und gingen unter Vespasian und Hadrian zugrunde. Eine andere Richtung, die sich auf Jeremias stützen konnte, war zufrieden mit religiöser Existenz auch unter hartem Druck. Das Christentum ist unter diesen Aufregungen der jüdischen Volksseele entsprungen, aber trotz Zusammenhang mit dem prophetischen (moralisch-religiösen) Alten Testament gegenüber dem Judentum durch fast ausschließliche Betonung des Moralisch-religiösen im Unterschied von dem Rituellen etwas Neues und außerdem ursprünglich präsent eschatologisch gedacht, das Weltgericht sollte in Jesu nahe bevorstehen. Es ist die Religion einer in Armut unter Druck und Verfolgung geduldig in Hoffnung baldigen ewigen Heils (irdisch-himmlischer Art) ausharrenden und gerade dadurch innerlich gehobenen Menschenklasse. Da es solche Menschen noch mehr in der damaligen griechisch-römischen Welt gab als unter den Juden, und da es diesen in Religion und Moral mehr neues brachte als jenen, so ging es bald überwiegend unter die Heiden.

3. Die christliche Religion in Harnack's Dogmengeschichte.

Es ist sehr lehrreich zu sehen, wie Harnack (Dogmengeschichte 2. Auflage 1888*) das ursprüngliche Christentum und dessen allmähliche Umbildung ansetzt. „Nach streng geschichtlicher Prüfung kommen (unter den Wundern) überhaupt nur die Heilungswunder in Betracht. Diese lassen sich allerdings aus den geschichtlichen Berichten nicht eliminieren, ohne diese Berichte bis auf den Grund zu zerstören. Allein, wie ungeeignet sind sie an und für sich, um dem, dem sie beigelegt werden, nach 1800 Jahren irgendwelche besondere Bedeutung zu sichern." „Die Wiederkunft in nächster Zeit scheint Jesus kurz vor seinem Tode verkündigt zu haben." „Das bloße Factum, daß Anhänger und Freunde Jesu überzeugt gewesen sind, ihn gesehen zu haben, zumal wenn sie dabei erklären, er sei ihnen in himmlischer Glorie erschienen, bietet doch für den, dem es mit der Feststellung geschichtlicher Thatsachen Ernst ist, auch nicht den geringsten Anlaß zu der Annahme, Jesus sei nicht im Grabe geblieben. Was die Jünger gesehen haben, kann uns nicht helfen." Von den 3 ersten Evangelien urteilt Harnack: „Diese selbst zeigen schon, namentlich in den Stücken, die nur je ein Zeuge vertritt, einen weitschichtig legendarischen Stoff und auch in dem Johannesevangelium vermag man die freie Produktion von Thatsachen nicht zu verkennen." „Kurz gesagt, ist die paulinische Theologie weder mit dem ursprünglichen Evangelium, noch viel weniger mit irgend einer späteren Glaubenslehre identisch." „Unstreitig sind die bedeutendsten und tiefsten Schriften im Neuen Testament diejenigen, in welchen das Judentum als Religion verstanden, aber dasselbe geistig überwunden und ihm das Evangelium als eine neue Religion übergeordnet ist." Diese Schriften sind nach Harnack „paulinische Briefe, Hebräerbrief, Johannes-Evangelium und -Brief," also lauter solche, die nicht als authentische Zeugnisse des Christentums Christi gelten können nach Harnack selbst. Aber gerade die authentischste Überlieferung macht nach ihm das geschichtlich gewordene Christentum nicht aus: „Es reichten die Sprüche der

---

*) Die dritte Auflage, soweit sie erschienen ist, hat denselben Standpunkt und in wichtigen verglichenen Einzelstellen auch denselben Wortlaut.

Bergpredigt nicht aus. Wo man es im 2. Jahrhundert versucht hat, sich auf diese allein zu stützen, und die jüdisch-griechische Erbschaft ablehnte, da kam man zu marcionitischen, resp. zu enkratitischen Lehren," d. h. solchen, welche die geschichtliche Kirche als widerchristlich verwarf. „Die Überlieferungen von Christo, auf welche sich die Gemeinden stützten, waren 1) Herrenworte, meist ethischen, aber auch eschatologischen Inhalts, die in unsicherer, wechselnder und erst allmählich sich fixierender Ausprägung für Norm galten, — — 2) eine knapp gefaßte und mit Rücksicht auf die Weissagungen zusammengestellte Verkündigung der Geschichte Jesu." Aber die eschatologischen Worte sind nicht erfüllt, die ethischen sind in Hauptpunkten bestimmt durch die eschatologischen (s. o.), und die Weissagungen, deren Erfüllung Christus sein sollte, sind ganz anders zu verstehen. „Der sog. Chiliasmus — findet sich überall, wo das Evangelium noch nicht hellenisiert ist — und muß als ein Hauptstück der ältesten Verkündigung gelten. In ihm lag nicht zum mindesten die Kraft des Christentums im 1. Jahrhundert und das Mittel, wodurch dasselbe in die jüdische Propaganda im Reich eintrat und sie überbot." Diese Erwartung eines bald eintretenden 1000 Jahre dauernden irdisch-himmlischen Reiches hat sich aber nicht erfüllt. „Abgelöst worden ist als Kraft der Chiliasmus durch die Mystik," welche Harnack, wie wir sehen werden, für nicht im Sinne Christi hält. Die adoptianische Christologie wird „die dem Selbstzeugnis Jesu am meisten entsprechende" genannt, aber diese, daß Jesus zum Sohn Gottes in besonderer Weise auf Erden angenommen worden sei, ist nicht die kirchliche geworden. „Das Alte Testament hat der völligen Hellenisierung (spiritualistischen Umdeutung) des Christentums den stärksten Damm entgegengesetzt. Weder die Sprüche Jesu noch die christlichen Hoffnungen waren zunächst fähig, einen solchen Damm zu bilden," also gerade das eigentlich Christliche hat nicht für sich gewirkt in der Geschichte. „Es bestand darüber in den Gemeinden kein Zweifel, daß sich der Ehe, des Weines und des Fleischgenusses und des Besitzes zu enthalten, die vollkommene Erfüllung des Gesetzes Christi sei, aber man leitete in weiten Kreisen die strenge Enthaltung von einem besonderen Charisma (Gnadengabe) ab, verbot jede Ruhmrebigkeit und gab die Losung aus: soviel du kannst, halte dich rein." Es ist das von den Gemeinden des 2. Jahrhunderts zu verstehen und geht nach Harnack auf die Zeiten der Apostel zurück. „Wenn sie in der Christologie die wunderbare Geburt leugneten und in Jesu einen erwählten Menschen erkannten, auf den bei der Taufe der Christ (= der hl. Geist) herabgekommen sei, so stellt sich darin — die älteste paläftinenfische Überlieferung dar," also ist die wunderbare Geburt unserer Evangelien nur eine Erzählung neben und sogar nach anderen. „Die Bedeutung des Paulus für die Bildung der katholischen Kirche erschöpft sich in der Herausführung der christlichen Religion zum Universalismus, — ein größerer selbst hat sie vorbereitet und Paulus hat sie nicht als einziger verwirklicht." Gewiß konnte Paulus und konnten andere Christen das Christentum nicht unter Heiden bringen, ehe es durch Christum da war, aber es bleibt fraglich, ob Christus überhaupt hieran gedacht hat bei seiner so baldigen Erwartung des Weltendes. „Das Schema, daß das Christentum Verheißung und geistliches Gesetz sei, ist als das uralte anzusehen;" aber die Verheißungen, die Jesus am stärksten gab, haben sich nicht erfüllt, und das geistliche Gesetz ist ein sehr durch diese Erwartungen bestimmtes, das also bei deren Nichterfüllung wesentliche Abänderungen nötig macht. „Wäre die Fixierung der Tradition in der katholischen Kirche nicht erfolgt, — hätte der ursprüngliche Enthusiasmus fortgebauert, so wüßten wir vom ursprünglichen Christentum wahrscheinlich so gut wie nichts." Nun ist dieser Enthusiasmus der ältesten Christen doch das verheißene Erfülltsein vom Geiste Gottes und Christi, nicht diese also, sondern die Nüchternheit der griechisch-römischen Welt hat das Christentum einigermaßen gerettet. „Unsere 3 ersten Evangelien enthalten Stücke und Korrekturen, die schwerlich vor mehr weniger 150 festgestellt worden sind," d. h. sie wurden da fromm erdichtet. „In der Verkündigung, daß das Christentum beides enthalte, die höchste Wahrheit, wie man sie bereits ahnte und in dem eigenen Geist entdeckt hatte, und die absolut zuverlässige Verbürgung dieser Wahrheit, wie man sie wünschte, lag die Stärke der christlichen Philosophie der Apologeten;" d. h. ihr Christentum ist wesentlich platonische und stoische Philosophie, religiös sanktioniert. „Der eigentlich entscheidende Beweis für die Thatsächlichkeit der Offenbarung ist in den Augen der Apologeten die Vorhersagung der Zukunft, denn das vermag der menschliche Geist nicht." Er war es auch für Pascal noch, aber nach dem Früheren ist dieser Beweis ganz hinfällig. „In der Geschichte Christi ist (nach den Apologeten) die Mehrzahl jener Prophezeiungen in schlagendster Weise erfüllt worden, und damit ist nicht nur die Erfüllung des noch ausstehenden relativ kleinen Restes (Gericht, Auferstehung) garantiert, sondern auch die Wahrheit der prophetischen Lehren von Gott, der Freiheit, der Tugend, der Unsterblichkeit u. s. w. über allen Zweifel sicher gestellt; — auf diese Beglaubigung kommt aber alles an; denn nicht fehlte mehr die volle Wahrheit, sondern es fehlte ein überzeugender Beweis, daß die Wahrheit eine Realität und nicht eine Phantasie sei." Diese Apologeten waren eben Denker und wußten, daß die bloß innere Gewißheit noch nicht die Realität verbürgt; aber ihr Verheißungsbeweis ist nicht mehr aufrecht zu erhalten. „Indem die christliche Religion als der Glaube an die Menschwerdung Gottes und als die sichere Hoffnung auf die Gottwerdung des Menschen dargestellt wurde, wurde eine Spekulation, die ursprünglich höchstens an der Grenze der religiösen Erkenntnis gelegen hatte, in den Mittelpunkt gerückt und der einfache Inhalt des Evangeliums verdeckt," also das kirchliche Christentum, d. h. fast alles Christentum seit jener Zeit, ist nicht mehr der einfache Inhalt des Evangeliums. Und doch ist jene Lehre nicht eine aus dem Heidentum hervorgegangene; denn „die Ewigkeit der Materie und die Unmöglichkeit der Menschwerdung des Logos sind die 2 Thesen, welche die neuplatonischen Theologen des 4. und 5. Jahrhunderts der christlichen Wissenschaft entgegengehalten haben." „Durch (angeblich) apostolische Anordnung geheiligt oder nachträglich aus den Büchern des Alten Testaments legitimiert, stieg seit der Mitte des 3. Jahrhunderts der crudeste Aberglaube aus den unteren Schichten des christlichen Volkes in die oberen," also lange vor Konstantin und dem sich daran anschließenden Massenübertritt. Die ältesten Christen waren so nach Harnack enthusiastisch und ohne Altes Testament zerfließend, das 3. Jahrhundert ist bereits abergläubisch von unten bis oben: es bleibt eigentlich als das bessere die Zeit der Apologeten, d. h. platonisch-stoische Denkinhalte, christlich sanktioniert. „Ohne Konstantin wäre das Nicänum nicht durchgesetzt worden, und ohne die Kaiser wäre es überhaupt nicht zu einheitlichen Glaubensformeln gekommen." Aber wäre das ein Unglück gewesen? Die Vielheit der Glaubensformeln in einer Zeit ist oft ein Zeichen religiösen Lebens. „Über den Gedanken der Unvergänglichkeit hinaus haben die Griechen überhaupt keine deutliche Vorstellung mit dem Gedanken des Heilsgutes (der Seligkeit) verbunden." Das Merkmal der Götter war nämlich bei den heidnischen Griechen die Unsterblichkeit, das Freisein vom Tod. In Nachwirkung dieses Gefühls machen die christgewordenen Griechen aus der unsterblich werdenden Seele eine vergottete, wenn auch nur durch Adoption. „Die arianische Doktrin hätte, wenn sie zum Sieg auf griechischem Boden gelangt wäre, das Christentum höchst wahrscheinlich völlig ruiniert, d. h. es in Kosmologie und Moral verwandelt," aber nach Harnack verdeckte das Christentum ja in der orthodoxen Form den einfachen Inhalt des Evangeliums. „An der Dekomposition der (antiken) Gesellschaft hat das Christentum selbst auf's kräftigste mitgearbeitet; aber es ist dann nicht fähig gewesen, die Massen emporzuheben und eine christliche Gesellschaft — in dem bescheidensten Sinne des Wortes — zu bilden, sondern es hat den Bedürfnissen und Wünschen der Massen eine Konzession nach der anderen gemacht." Es war ja von Haus aus auf baldiges Weltende gestellt, und das wirkte immer nach. Als das Weltende äußerlich, irdisch-himmlisch, nicht kam, blieb man um so mehr bei der Weltflucht als dem Ideal der eigentlichen Christen (Mönchtum) und überließ das weltliche Leben sich selbst und der Weihung durch Mönche und Priester. „Die Kirche wurde die Kultusanstalt, die den Gläubigen himmlische Eindrücke verschafft und ihn in den Himmel erhebt." „Der Kultus beherrscht schon bei Ignatius (1. Hälfte des 2. Jahrhunderts) das ganze christliche Leben." „Die überall gleichen, im Sittlichen trägen, in der Phantasie überschwänglichen Neigungen der abergläubischen Menge" werden erwähnt. „Jenes Volkes Christentum ist Engel- (Halbgötter) und Dämonendienst, Wertschätzung von Bildern, Reliquien und Amuletten, mehr oder weniger kraftlose Schwärmerei für die härteste Askese und ängstliches Festhalten an gewissen für heilig gehaltenen Werken, Zeichen, Riten, Ceremonien, Orten und Zeiten." „Schon im Urchristentum hatten Engel und Teufel eine große Rolle gespielt. — Die Phantasie auch der Erleuchtetsten war stets mit ihnen beschäftigt. Das Mönchtum (vom 4. Jahrhundert an) bewegte sich in der Welt der Dämonen und der Engel." „Der Eine Gott, den das Volk nie erfaßt hatte," heißt es. „Auch die gebildetsten Kirchenväter seit dem 5. Jahrhundert wissen zwischen wirklichem und unwirklichem nicht mehr zu unterscheiden und leben in einer Welt der Magie und der Wunder." — „Das Däumeln in der hl. Schrift, die Befragung derselben, wie man ein Orakelbuch befragt, kam auf. — In Krankheitsfällen befragte man diesen oder jenen Heiligen; man schläft in seiner Kapelle. — Die Reliquienverehrung blühte schon im 4. Jahrhundert im höchsten Umfang." — Johannes Damascenus rechtfertigte später die Bilderverehrung so: „Von Ewigkeit stehen vor Gott die Bilder aller Geschöpfe. Bilder sind die Ideen der Dinge. Verwerfung der Bilder ist Verachtung der Materie, die der Gott-Logos doch hypostatisch mit sich geeint hat." Nach Theodor Studites „ist bei Abbild und Urbild nur die Materie verschieden, die Form (Hypostase) ist dieselbe." Hier setzt sich der antike Zug, ein Bild von Gott zu haben als Verehrungsgegenstand, durch, meist mit platonisierenden Argumenten. — Es ist hier der Ort, die Auffassung der Ehe zu besprechen. „Origines hat schon wie Augustin in dem Beischlaf an sich eine Befleckung vermutet. — Nach Methodius ist der jungfräuliche Stand der Stand der Christusähnlichkeit. — Jungfräulichkeit wandelt auf der Erde, berührt aber den Himmel. — Augustins Konfessionen sind von dem Gedanken beherrscht, daß nur der Mensch den Frieden mit Gott fühlen kann, der allem geschlechtlichen Verkehr entsagt. Ambrosius hat die Virginität als das eigentlich Neue der christlichen Sittlichkeit gefeiert. — In der Virginität gipfelt nicht nur das evangelische Gesetz, sondern ihr gelten auch alle Verheißungen. — Im Mittelalter lehrt Thomas von Aquino, daß der Geschlechtsakt in der Ehe, weil materiell von dem Geschlechtsakt in der Hurerei nicht verschieden, so sehr mit Sünde behaftet ist, daß zwar nicht der gewährende Ehegatte, wohl aber der fordernde, auch wenn es mit der Absicht geschehe, einen Ehebruch zu vermeiden, sündige." Dieser Zug der Gereiztheit gegen die natürliche Geschlechtsfunktion ist keineswegs ein stets gesunder; er findet sich gerade bei Manie. „An der allgemeinen Erregung, welche hier im psychischen Organe besteht, beteiligt sich vielfach auch die sexuelle Sphäre. Sexuelle Delirien und äquivalente religiöse werden dabei häufig fort und fort geäußert. Neben einem Hingeben an den sexuellen Trieb findet sich bei Weibern Drang, sich an Wallfahrten, Missionen zu beteiligen, in's Kloster zu gehen oder wenigstens Pfarrköchin zu werden, wobei viel von der eigenen Unschuld, Jungfräulichkeit die Rede ist" (Krafft-Ebing). Mit Recht wird von demselben Schriftsteller bezüglich des Cölibats der katholischen Kirche hervorgehoben, daß der Priester dadurch der veredelnden Wirkung verlustig gehe, welche Liebe und dadurch Ehe auf die Entwicklung des Charakters gewinne. Denn daß der höhere Aufschwung auch des geistigen Lebens, das Ideale bilden und von hohen Thaten Träumen, mit der Pubertätsentwicklung, namentlich beim Mann, zusammenhängt, ist zweifellos. Gerade da entsteht auch jetzt noch manchmal der Gedanke, ehelos zu bleiben, um sich ganz einer hohen Aufgabe für die Menschenwelt, sei es etwa auch nur in Beruf des Gelehrten und Jugendbildners, zu widmen, und so mag Ehelosigkeit des ältesten

Christentums zumal bei Erwartung demnächstigen Weltendes an sich keine nervöse Entartung anzeigen, aber die spätere Gereiztheit gegen die Geschlechtsfunktion in der Ehe zeugt von verkehrter Sinnesart, die erst der Protestantismus abgestellt hat.

Wir fahren mit Harnack fort. „Als sich Augustin der katholischen Kirche in die Arme warf, that er das mit dem vollen Bewußtsein, er bedürfe ihrer Autorität, um nicht in Skepticismus oder Nihilismus zu versinken." Diese seine persönliche Erfahrung hat er dann zum einzigen und ausschließlichen Gesetz für alle gemacht und dadurch das Zwangschristentum erst theoretisch begründet. „Die Prädestinationslehre ist die Kraft des religiösen Lebens Augustins gewesen, wie der Chiliasmus die Kraft der nachapostolischen Kirche und die Mystik die Kraft der griechischen war." Aber diese Mystik ist, wie wir hören werden, Harnack nicht nach dem Sinn, der Chiliasmus hat sich nicht bewahrheitet, es kann also religiös etwas eine ungeheure Kraft im einzelnen oder in vielen Gemütern ausüben, ohne wahr zu sein.

„Der herrschende Gottesbegriff (im Mittelalter) war der der allmächtigen Willkür, der Vergeltung und der Nachlassung. — Dieser Gottesbegriff war bereits perfekt, als die Kirche in das germanische Volksleben einbrang, er ist eine dem lateinischen Geist entsprechende und aus ihm entsprungene Auffassung." Gewiß schwebte dabei die absolute Gewalt der Kaiser vor mit ihrer Strafmacht und ev. Gnadenerlassen. „Gemäß dem strengen Rechtsbewußtsein und Pflichtgefühl, welches die lateinische Kirche vor der griechischen auszeichnet, wurde von Kirchenwegen auf die Sünden der Kirchenglieder überhaupt mehr geachtet." Auch dies war eine Folge römisch-rechtlicher Art. „Jene Gemüter, die in einer einzigen Betrachtung die Natur und all das sinnliche Leben als Teufelszauberei erkannten und es zugleich, von der Kirche beleuchtet, als die Abschattung der jenseitigen Welt kontemplierten," heißt es vom Mittelalter. Es war die Geisterverfassung, aus welcher der Hexenglaube schließlich hervorging, unzweifelhaft an hysterische Zustände grenzend. „Vorzüge Anselms sind: es handelt sich um die Erlösung von einer Schuld (die Griechen haben primär stets an die Erlösung von den Folgen der Sünde, die Todeshaftigkeit, gedacht)." Ihnen war aus ihrem Altertum Unsterblichkeit der Vorzug Gottes und gottähnlicher Wesen; dies sollte ihnen das Christentum bringen. Anders bei dem römisch beeinflußten germanischen Mittelalter, das mit der germanischen Freiheit auch die Verantwortlichkeit des Menschen hob. Das germanische Wergeld spielt übrigens in der Versöhnungslehre Anselms stark mit, und schließlich ist es, wie mir Lotze sagte, als er Ritschls Darstellung der Anselmschen Theorie gelesen: es sind nur Worte; mit der einen Hand wird gegeben, mit der anderen genommen. „Dem katholischen Christentum heute ist der als Fiduzglaube betitelte evangelische Glaube ein Ärgernis und eine Thorheit;" so individuell und zwar einander abstoßend sind also die hauptsächlichsten christlichen Auffassungen. „Niemand kann ohne eine spezielle Offenbarung von sich sagen, daß er zu dieser Kirche (der Prädestinierten) gehört. Dieser Satz ist ein deutlicher Beweis dafür, daß Wiclif und Huß auf dem Boden des Katholizismus stehen, d. h. die Bedeutung des Glaubens gänzlich verkannt haben." So individuell ist wieder hier alles; selbst Vorläufer der Reformation haben den rechten Glauben nicht. „Nach dieser höchst verbreiteten Ansicht kann der Mensch selig werden, der sich vor der Hölle fürchtet; — er muß nur das Bußsakrament in der Meinung, daß es ihn vor der Hölle schützen kann, fleißig brauchen. — Auch Scotus hat zuerst (diese Ansicht) begonnen zu verwerten." — „Die Kirche mag damit relativ manches Gute wirken; denn ihr System ist dem Leben abgelauscht." Hier bricht also eine relative Beurteilung durch, d. h. je nach der Individualität des Menschen kann diese oder jene religiöse Behandlung wirksam sein. Die Furcht vor der Hölle ist übrigens in anderer Form noch bei uns sehr verbreitet. Man wird nicht selten finden, daß in ihrer Lebensführung sehr sittliche Männer gestehen, ohne den Glauben an Gott würden sie rauben, morden, allen Lüsten sich hingeben. Sie bedürfen nach ihrem Gefühl eines Zügels und halten schon darum an jener Vorstellung als einer wahren fest. „Nach Luther ist die christliche Religion der lebendige Glauben an den lebendigen Gott, der sich in Jesu Christo offenbart und sein Herz aufgethan hat. — In Luther lebte überhaupt nicht der unwiderstehliche Drang des Denkens, das nach theoretischer Klarheit strebt, er hatte einen instinktiven Widerwillen und ein eingeborenes Mißtrauen gegen jeden Geist, der, lediglich von der Erkenntnis geleitet, Irrtümer kühn berichtigte. — Luther war stets von der merkwürdigsten Unbeholfenheit, wo Streitfragen aus dem Kreise des Protestantismus auftauchten, und in solchen Fällen immer geneigt, die konservative Fassung für die richtige zu halten. — Weder für die Relativität der Geschichte noch für das Wachsen und Werden der Erkenntnis innerhalb der Geschichte hat Luther einen Sinn gezeigt. — Wieviel sicherer haben viele unter den Schwärmern der Sakramentsmagie ein Ende gemacht, wieviel reiner und zutreffender haben sie die Bedeutung des geschriebenen Wortes bestimmt, wieviel deutlicher haben sie oftmals den wirklichen Sinn von Schriftstellen getroffen und einer gesunden Exegese das Wort geredet, wieviel mutiger haben sie manche Konsequenzen in Bezug auf die Dreieinigkeitslehre, die Christologie u. s. w. gezogen, wieviel entschiedener sind einige von ihnen für die äußere Freiheit als Folge der inneren eingetreten." Alles das heißt: Luther hatte eben eine religiöse Individualität, eine durch Wissenschaft (exegetisch-historische) wenig sich selbst kontrollierende, womit er aber bei einem Teil der Zeitgenossen durchdrang gegenüber anderen Individualitäten. Aber diejenige exegetisch-historische Art, welche nachträglich am meisten, mindestens stillschweigend, gewirkt hat, haßt Harnack von **seiner** religiösen Individualität aus. „In vita aeterna simul comprehensa est peccatorum remissio (ewiges Leben umschließt zugleich die Sündenvergebung), dieser Ausspruch Socins entspricht dem alten Christentum, wie es sich seit den Tagen der Apologeten entwickelt hat, ist aber dem paulinisch-lutherischen Gedanken: wo Vergebung der Sünden ist, da ist auch Leben und Seligkeit, entgegengesetzt." Nun erinnere man sich, daß nach Harnack die Lehre des Paulus sich durchaus nicht mit dem ursprünglichen Evangelium deckt. Von seiner Antipathie gegen den Sozinianismus aus drückt sich Harnack billigend über die damalige Unduldsamkeit gegen ihn aus: „Erwägt man, daß die hervorragendsten Antitrinitarier keine Ahnung von dem Glaubensbegriff Luthers und Zwinglis besessen haben und sich zumteil im schlimmsten Moralismus ergingen, so muß man urteilen, daß die Toleranz gegen sie im 16. Jahrh. wahrscheinlich die Auflösung des evangelischen Glaubens, zunächst im Gebiete des kalvinischen Einflusses, bedeutet hätte." Dabei muß man sich vor Augen halten, daß schlimmster Moralismus der Antitrinitarier nicht etwa heißt, sie hätten eine laxe Moral gehabt, ganz im Gegenteil, er besagt, sie hätten „die Religion des guten Lebenswandels" für die wahre Religion gehalten, sie waren also modern ausgedrückt, Kantianer in der Religion.

So ist benn, wenn man sich an Harnack den Historiker hält, das Ergebnis dies, daß nur sehr weniges von der Überlieferung über Jesu zuverlässig ist, namentlich auch die Wunder nicht, daß von dem, was auf Jesum zurückgeht, das (nicht erfüllte) eschatologische Moment, die baldige Erwartung des irdisch-himmlischen Weltendes, die wirksamste Kraft des ältesten Christentums war, daß in der griechisch-römischen

Welt das Christentum beständige Umwandlungen erfuhr; durch die Apologeten wurde es Bürgschaft platonisch-stoischer Gedanken, in der Dogmenbildung der griechischen Kirche brach der altgriechische Gedanke von Unsterblichkeit als einer Art Vergottung wieder durch, in „der Wesensgemeinschaft des Göttlichen und Menschlichen" regten sich Elemente des ältesten Mysterienglaubens; in der abendländischen und in der mittelalterlichen Kirche war vorherrschend ein Gottesbegriff nach dem Vorbild römischer absoluter Kaiserherrschaft und römisch-rechtlichen Wesens; in Luther sind paulinische und johanneische Gedanken eigentümlich wieder belebt worden, aber Paulus und Johannes sind nach Harnack selbst keine authentischen Zeugen des Christentums Christi. Was ist aber trotz alledem für Harnack das Wahre, das ihm Wahre am Christentum? Welches ist seine eigene religiöse Individualität? Ich stelle dafür bedeutsame Aussprüche von ihm zusammen in der Reihenfolge, wie sie in den 3 Bänden der Dogmengeschichte vorkommen mit genauer Angabe des jedesmaligen Ortes; dann erst werde ich den durchgehenden Grundgedanken derselben herausheben.

„Die Religion ist Leben und Gefühl des Herzens" (Bd. I S. 43). „Die Lehre Jesu stellt sich als ein überweltliches Leben dar, welches an der Person Jesu empfunden sein will, und sie hat ihre Wahrheit darin, daß ein solches Leben gelebt werden kann" (S. 64). „Es handelt sich um persönliches Leben, welches Leben um sich erweckt, wie das Feuer einer Fackel andere Fackeln entzündet" (S. 64). „Christlich ist es, Gott darum zu bitten, daß er den Geist gebe, welcher kräftig macht, die Gefühle und Zweifel der Natur zu überwinden, und durch die Erfahrung des „Stirb und Werde" den Glauben an ein ewiges Leben schafft" (S. 75). „Der eigentlich religiöse Zug ist die Sehnsucht nach Leben" (S. 102). „Der sittliche Geist kann niemals seine Befriedigung in dem finden, was verwirklicht ist" (S. 106). „Das Teuerste, was das Christentum als Religion besaß, nämlich den Glauben, daß der Gott der Schöpfung auch der Gott der Erlösung sei" (S. 241). „Es giebt nur eine Präexistenzvorstellung, die keine empirische Betrachtung der Geschichte und keine Vernunft zu entwurzeln vermag; sie ist mit der ursprünglichsten alttestamentlichen und urchristlichen identisch und liegt in dem religiösen Gedanken, daß Gott der Herr die Geschichte leitet" (S. 719). „Nur das ist stark in uns, was uns selbst ein halbdurchschautes Geheimnis bleibt" (Bd. II S. 301). „Die Überzeugung von der umschaffenden Gnade Gottes, der auch der Schöpfer ist, läßt sich schlechterdings nicht als verständige Doktrin entwickeln, sondern muß bei der Erkenntnis anfangen und aufhören: wie unbegreiflich sind Gottes Gerichte und wie unerforschlich seine Wege" (Bd. III S. 184). „Ist nicht die Prädestinationslehre ein Ausdruck des Bekenntnisses: Wer sich rühmen will, der rühme sich des Herrn? liegt nicht der Lehre von der Erbsünde der Gedanke zu Grunde, daß hinter allen einzelnen Sünden die Sünde als Mangel der Liebe, der Freude und des Friedens Gottes ruht? ist sie nicht ein Ausdruck für die richtige Beobachtung, daß wir uns für alles Böse schuldig fühlen, auch dort, wo uns gezeigt wird, daß wir keine Schuld haben?" (199). „In der Ehrfurcht vor dem leidenden Christus und in der Kraft, welche von diesem Bilde ausgeht, liegen die Kräfte der Religion beschlossen" (301). Gefeiert wird „jene befreiende Botschaft, daß das Göttliche in Demut und in geduldigem Leiden zu finden ist, und daß der Unschuldige leidet, damit der Schuldige Frieden habe" (301). Erwähnt wird „jener schwere Tribut, den jeder Mystiker leisten muß, — die Stimmung der Verlassenheit nach dem seligen Gefühl der Vereinigung, und die Vertauschung des geschichtlichen Christus mit dem zerfließenden Bilde des idealen" (304). „Das grundlegende Vorurteil, welches aber die Scholastik mit der Theologie des Altertums und leider auch der Neuzeit teilt, war dies, daß die Theologie Welterkennen sei, resp. das Welterkennen zu begründen und zu vollenden habe" (313). „Es ist eben bei Anselm die Frage der persönlichen Heilsgewißheit, die Grundfrage der Religion noch gar nicht erwacht" (352). „Aber warum kommt es auf das Verdienst an (im katholischen Lehrbegriff)? Weil die Theologie sich nicht vorzustellen vermag, daß vor Gott etwas anderes gelten kann, als eine in einem Habitus sich darstellende Besserung. Das ist aber nicht vom Standpunkt der Religion gedacht, sondern vom Standpunkt der Moral, oder soll man ein angefochtenes Gewissen damit trösten, daß es allmählich schon zum habitus der caritas (zur festen Übung in der Liebe) kommen werde" (528—9)? „Wenn schon in irdischen Verhältnissen der Mensch nicht anders auf eine höhere Stufe erhoben werden kann, als daß er in einer ihm übergeordneten, reiferen und größeren Person aufgeht, d. h. in eine geistige Gemeinschaft mit ihr tritt und in Ehrfurcht, Liebe und Vertrauen sich ihr anschließt, so gilt dasselbe, aber in unvergleichlicher Weise von der Erhebung des Menschen aus der Sphäre der Sünde und Schuld in die Sphäre Gottes. Hier helfen keine dinglichen Mitteilungen, sondern nur die Gemeinschaft von Person zu Person: daß es in der Seele aufgeht, der heilige Gott, der Himmel und Erde regiert, sei ihr Vater, mit dem sie leben kann und darf, wie das Kind im Vaterhaus, das ist die Gnade, ja das ist allein die Gnade, nämlich die auf der Gewißheit, daß die trennende Schuld weggeräumt ist, ruhende Glaubenszuversicht zu Gott. Das hat Augustin so wenig erkannt wie Thomas, und dies haben auch die mittelalterlichen Mystiker nicht erkannt" (529). „Das Zentrum des menschlichen Ichs, den Geist, der so frei und so hoch ist, daß man ihm mit dinglichen Gütern, seien es auch die größten Erkenntnisse und das herrlichste Gewand, nicht zu beeinflussen vermag, und zugleich so haltlos in sich, daß er nur in einer anderen Person Halt gewinnen kann" (529—30). „Man fand den einzig möglichen Ausweg nicht, sich ohne theoretische Spekulation an den Eindruck der Person zu halten, die Geist und Leben, Gewißheit und Seligkeit weckt" (547). „Sollte es nicht möglich sein, daß die Geschichte der Religion der denkenden Betrachtung fortab den Dienst leistet, den ihr bisher das ideelle Welt= verständnis Platos, Aristoteles und Thomas geleistet hat? Ohne ein Absolutes wird man freilich nicht auskommen, aber man wird es als Erlebtes ergreifen" (530). „Ist nicht Glaube, Hoffnung und Liebe zusammen das, was der evangelische Christ unter Glauben allein ver= steht" (612)? „Das religiöse Motiv im eigentlichen Sinne des Wortes, wie es innerhalb der christlichen Religion hervorbricht, ist die Macht des lebendigen Gottes, vor dessen heiligem Geist nichts eigenes mehr besteht" (660). „Zu der Fragestellung, ob Christus nicht „mein" Gott ist, ob er nicht derjenige ist, in dem uns Gott offenbar ist, ist der Socinianismus nicht gekommen" (680). „Daß die christliche Reli= gion Glauben ist, daß sie ein Verhältnis von Person zu Person ist, daß sie darum höher ist als alle Vernunft, daß sie lebt nicht von Geboten und Hoffnungen, sondern von der Kraft Gottes und in Jesu Christo den Herrn Himmels und der Erde als den Vater ergreift, davon weiß der Socinianismus nichts" (690—1). „Wie jeder ernste Christ war Luther eschatologisch gestimmt und wartete auf den Tag, da die Welt vergeht mit ihrer Lust, ihrem Leid und ihren Ordnungen" (707). Von Luthers Teufelsglauben bemerkt Harnack, er gehöre in ein anderes, für seine Erfahrung inkommensurables Gebiet (736). „Das Christentum ist die Gesinnung, die der Vater Jesu Christi durch das Evangelium in den Herzen erweckt" (760). „Die christliche Lehre besteht nur für den Glauben zu Recht, — welchen Anteil kann an ihr die Philosophie dann nehmen?" (760).

Wenn wir diese Stellen auf ihre Grundgedanken bringen, so werden es diese sein. Religion ist Leben und Gefühl des Herzens, Sehnsucht nach Leben. Theologie ist nicht Welterkennen, wie christliches Altertum, Mittelalter und Neuzeit gemeint hatten. An die Stelle philosophischen Weltverständnisses soll die Geschichte der Religion treten. Gott der Herr leitet die Geschichte. Man halte sich ohne theoretische Spekulation an den Eindruck der Person, die Geist und Leben, Gewißheit und Seligkeit erweckt. Der menschliche Geist ist frei und hoch über alle dingliche Güter, aber auch haltlos, und gewinnt nur Halt in einer Person. Durch Christum wird der Seele in Sünde und Schuld die Gewißheit, der heilige Gott, welcher Himmel und Erde regiert, sei ihr Vater, mit dem sie leben könne, wie das Kind im Vaterhaus. Gerade der leidende Christus ist die Kraft der Religion. An der Person Christi empfindet man ein überweltliches Leben. Die umschaffende Gnade Gottes ist erlebte Thatsache, aber unerforschlich. Der Fromme rühmt sich nur Gottes Gnade, fühlt sich vorher schuldig vor Gott. Christus ist aber historisch, nicht ideal zu fassen (gegen Mystik). Christus, in dem mir Gott offenbar ist, ist dadurch „mein" Gott. Das Absolute soll man als Erlebtes ergreifen.

So die Grundüberzeugungen Harnack's. Augenscheinlich ist hier alles auf innere Gewißheit gestellt. Man erlebt Gott innerlich. Man erfährt innerlich an sich, daß der Christus der Evangelien ein überweltliches Leben weckt. Wissenschaft, Philosophie werden ausdrücklich dabei abgelehnt. Dies innere Leben und seine Faktoren entziehen sich aller verstandesmäßigen Fassung und Zergliederung. Nur diese Erregung geistigen Innenlebens wird beibehalten aus den Evangelien. Die Wunder werden thatsächlich gestrichen. Damit fällt auch weg die Probe, daß ein Christ nach der Verheißung Christi Wunder thun müßte. Die nicht eingetroffene Weissagung baldigen Weltendes wird nicht beachtet oder es heißt: „jeder ernste Christ sei eschatologisch gestimmt." Daß die ganze historische Vorstellung Christi von sich selbst auf Grund der alttestamentlichen Stellen irrig war, kommt gar nicht zur weiteren Erwägung. Der Zauber Christi wirkt auf Harnacks Gemüt, und so ist, was er von sich gesagt hat, wahr, glaubenswahr, d. h. mit einer inneren Gewißheit wahr, welche Leitstern des christlichen Lebens wird und bleibt.

Es ist gewiß eine tiefe und ehrliche Überzeugung, welcher Harnack Ausdruck verliehen hat, aber wir stehen damit wieder auf dem alten Fleck. Solche überschäumende Begeisterung, bis in den Tod vorhaltende Gewißheit haben alle Religionen gehabt. Solche findet sich noch heute im Islam, in Indien, fand sich wie oft bei den Juden, die doch die ganze christliche Umdeutung ihres alten Testaments ablehnen, fand sich selbst im untergehenden griechischen und römischen Heidentum; wie oft hat man seitens der Christen gegen Überreste und Nachwirkungen des Heidentums mit Gewalt einschreiten müssen. Es beweist diese innere Gewißheit eben zu viel, mit ihr rechtfertigt sich aller Enthusiasmus, guter und solcher, den wir tadeln. Man hat sich auch nicht bloß für überweltliche Güter religiös begeistert; dem alten Römer war die äußere Macht seines Reiches mit der Gnade der Götter gewonnen; das Alte Testament hielt sich wie lange an das diesseitige Leben und den Segen desselben bei wahrer Frömmigkeit. Wie Harnack für Christum begeistert und durch ihn erhoben ist, so hat Bubbha, hat Konfuzius auch Begeisterung und Erhebung in aufrichtigen Jüngern geweckt, nur eine ganz andere Art und mit ganz anderem Inhalt.

Für diesen Zug, der Gefühl und innere Lebendigkeit allein zum Maßstab der Wahrheit macht, hat man bei uns seit langem einen Namen. Dieser Name heißt Romantik. Was das Gefühl und die innere geistige Lebendigkeit anspricht und erhöht, das wird als wahr geschätzt. Harnack ist Romantiker, obwohl er daneben Historiker ist, sehr genauer Historiker, der vieles schärfer ermittelt hat als vor ihm. Es ist das nicht eine vereinzelte Erscheinung; gerade die Männer der historischen Rechtsschule bei uns waren vielfach zugleich Romantiker. Deutlich wird dies noch, wo Harnack von Philosophie redet. Er hat durchaus die romantische Vorstellung von Philosophie, b. h., die Philosophie, welche im Zusammenhang mit der Romantik und in Verbindung mit ihr aufkam, ist ihm selbstverständlich die Philosophie überhaupt. Diese „absolute" Philosophie hat ja jetzt bei uns eine Art Nachblüte. So schreibt er III 313: „Die dialektisch-deduktive Methode ist das Mittel, dessen sich jede Wissenschaft, die den Mut hat, die Überzeugung von der Einheit alles Seienden kräftig geltend zu machen, bedienen muß." „Die Zuversicht zur Einheit aller Dinge und der kühne Schwung der Phantasie — beides war der Schulweisheit abhanden gekommen — haben die neue Wissenschaft (seit der Renaissance) ermöglicht." Harnack denkt da wohl an Bruno, allein die neuere Wissenschaft fängt naturwissenschaftlich mit Galilei an, philosophisch mit Descartes, und bei ihnen ist Kraft des Denkens im Unterschied von der Phantasie, und von der Zuversicht zur Einheit aller Dinge sind beide zum Heil von Wissenschaft und Philosophie sehr fern gewesen. Harnack irrt auch, wenn er schreibt I 284: „Auf dem Bund, der zwischen Christentum und Antike so geschlossen worden ist, daß keines das andere hat überwinden können, beruht bis heute unser inneres und geistiges Leben, welches durch die empirischen Kenntnisse, die wie erworben haben, seinen Inhalt zum kleinsten Teile empfängt." Harnack selbst beruht, ohne es zu wissen, z. B. auf der modernen Naturwissenschaft darin, daß er die Wunder streicht, was doch ein Mann, der an Gottes Schöpfung und Weltregierung glaubt, nicht nötig hat, und z. B. Kant nicht gethan hat. Seitdem aber durch die Naturwissenschaft strenge Causalität mehr und mehr durchgeführt ist in der unorganischen und in der organischen Welt und selbst in vielen Teilen der Psychologie, und seitdem als Beobachtung nur gilt, wo Vorsichtsmaßregeln getroffen werden können gegen Täuschung, auch gegen Selbsttäuschung, erst seitdem hat die Überzeugung sich immer stärker verbreitet, daß Wunder an sich unwahrscheinlich seien, und daß die Wunder der Religionen die Probe wissenschaftlicher Wahrheit nicht aushalten.

Der Vorzug Christi und der alten Christen ist, daß sie keine Romantiker waren. Christus hat die Bewährung seiner Lehre jedem Christen in die Hand gegeben in der Verheißung, daß auf sein gläubiges Gebet noch größere Werke als seine eigenen geschehen würden. Die Weissagung vom baldigen Weltende war gleichfalls eine äußere Probe. Die alttestamentlichen Weissagungen endlich waren für Christus selbst eine Direktive zugleich und eine Bewährung, daß er den Willen seines Vaters vollbringe. In der Zerstörung Jerusalems haben die Christen einen ersten Anfang des Kommens zum Weltgericht gesehen und lange an jener Erwartung festgehalten. Wunder geschahen ihrer Meinung nach unter ihnen und durch sie nicht wenige, und dann hielten sie durchaus die Märtyrer für solche, durch die und deren Überreste Wunder geschehen müßten, denn das waren doch gläubige Christen gewesen, und so geschahen sie ihrer Meinung nach in Menge. Mit den erfüllten Weissagungen hielt das Christentum seinen Einzug auch bei den mehr Gebildeten der griechisch-römischen Welt. Dieser Zug nach einer Bewährung außer der bloß inneren Gewißheit trieb aber noch nach anderen Seiten. Im Christentum war vorausgesetzt Gott, eine geistig-irdische Bestimmtheit des Menschen, eine moralisch-religiöse Aufgabe desselben. Die christliche Wissenschaft oder Philosophie machte sich schon im 2. Jahrhundert daran, nachzuweisen, daß das alles zwar durch Christum vollendet worden sei, Anknüpfung aber in der Beschaffenheit der Welt und des Menschen auch außerhalb des Christentums habe. Ja, man versuchte bald mit den Mitteln der griechischen Philosophie auch das Neue und Vollendende des Christentums begreiflich zu machen. Ebenso suchte man im Mittelalter mindestens jene Grundlagen der christlichen Lehre als allgemein menschlich zu erweisen. Luther verwarf in Religion alle Wissenschaft und Philosophie, aber Melanchthon beeilte sich, die Anknüpfungspunkte für die christliche Lehre in der aristotelisch-stoisch-ciceronianischen Denkweise dem Protestantismus zuzuführen. Seitdem ist jener Zug meist geblieben, und fast mit jeder neuen Philosophie hat man auch die Theologie neu zu fundamentieren versucht. Der Mitte unseres Jahrhunderts blieb es vorbehalten, zunächst die Religion kantisch zu fundamentieren, was freilich die Wahrheit der kantischen praktischen und theoretischen Philosophie voraussetzt. Bei Harnack erscheint davon nicht mehr viel, er ist Romantiker, sein wissenschaftlicher Liebling scheint Goethe, der treffend von Tönnies als eine Mischung von Aufklärung und Romantik ist charakterisiert worden. Was es mit dieser romantischen Gewißheit aber auf sich hat, davon ist ein krasses Beispiel heutzutage Nietzsche: ihm ist das Affektleben überlegen über das Verstandesleben, so daß schließlich der Wahrheitsgehalt einer Erkenntnis als unwesentlich erachtet wird gegen ihren Willens- und Gefühlswert. Es steht dann Gefühlswert gegen Gefühlswert; das Edelste und das Verzerrteste kann so behauptet werden, und durch blendenden Stil getragen, kann auch das letztere Zauber ausüben.

Ist bloß innere Gewißheit die Stütze der Religion, dann ist Religion nicht davor zu retten, daß sie subjektiv ist, b. h. im weiteren Sinne der Phantasieseite des Menschen angehört. Im Jahr 1886 ist in der von mir mit Vorwort herausgegebenen „Religionsphilosophie auf modernwissenschaftlicher Grundlage" dieser Standpunkt ausführlich dargelegt und als bei allen Religionen durchführbar aufgezeigt worden. Dieses Buch ist mein Werk, aber veröffentlicht habe ich es im Sinne der Vorrede. Es sollte „ein Ferment in diesen zarten Materien abgeben, welche immer von neuem die Geister beschäftigen werden." Den Mangel der jetzigen Religionsauffassung zu heben, haben sich Theologen und Philosophen seitdem nicht bemüht. Theologen und Philosophen postulieren munter weiter, noch viel mehr als es Kant selbst that, dessen theoretische und praktische Philosophie den größten Einwendungen gerade von Seiten moderner Naturwissenschaft und Ethnologie und Anthropologie ausgesetzt ist. Freilich ist Religion auch subjektiv Genuß und Segen der Menschheit; denn wem sie natürliche Ansicht ist, den erfüllt sie mit Hoffnung und regt so die Geisteskräfte mannigfach an. Freilich muß er das Risiko bei diesem Glauben auf sich nehmen, sich geirrt zu haben, aber er darf sich mit Pascal, ist er z. B. gläubiger Christ gewesen, damit trösten, daß er als solcher mindestens ein sittlich-ernstes Leben geführt habe. Glaubt einer nicht an eine bestimmte Religion, so kann er nach dem Ausdrucke Renans sie doch lieben, wünschen, es wäre die und die wahr. Von der Idealisierungsfähigkeit des menschlichen Geistes aus ist sogar die Haltung der meisten Menschen zur Religion die einer ästhetischen Liebe. Nicht selten sind mir ältere Leute aufgestoßen, die ihr lebenlang ziemlich regelmäßig zur Predigt und selbst zum Abendmahl gingen und gerade am Ende ihres Lebens zweifelten, ob dem allen auch etwas entspräche; „es möge sonst ja ganz gut für die Menschen" sein. Nimmt man die darwinische Lehre hinzu, so gewinnt Religion, sofern sie Schrecken erweckt gegen einiges und nach anderen Seiten Hoffnung belebt, eine große biologische Bedeutung. Das natürlich-schädliche oder natürlich-heilsame konnte sich mit religiöser Auffassung verbinden und jenes Einschränkung, dieses Verstärkung von daher gewinnen. Aber freilich gilt dies nur für die geglaubte und der Erhaltung und leiblich-geistigen Höherbildung von Individuum und ganzen Gruppen dienende Religion. Von seiten der Wissenschaft tritt dann eine Kritik der verschiedenen Religionen auf ihren biologischen Wert ein, und wo wissenschaftliche Erkenntnis sich weiter verbreitet, da wird das instinktiv-tastende der Religion mehr zurücktreten. Unsere jetzigen Maßregeln gegen Cholera z. B., so wenig sie noch allwirksam sind, sind doch unvergleichlich erfolgreicher als frühere Verfahrungsweisen überwiegend religiös gestimmter Jahrhunderte gegen Pesten.

Vom praktisch-biologischen Standpunkt wird man sagen: Das religiöse Grundfaktum ist noch immer dies. Wenn uns etwas Wohlthätiges im Leben widerfährt, das wir nicht erwartet haben und doch wie berechnet auf unsere Lage ist, so entsteht der Eindruck einer persönlich für uns sorgenden Macht. Indem unsere Persönlichkeit in besonders erregter Weise uns zum Bewußtsein kommt, breitet sich auch der Eindruck einer persönlich waltenden Güte über die Welt. Die freudige Erregung unseres persönlichen Lebens erweckt ein gleiches

Bild von dem Untergrund der Erscheinungen. Vielleicht ist das eine Nachwirkung davon, daß jeder Mensch als Kind auf anderer Menschen Fürsorge angewiesen war und so die persönliche Auffassung von Wohlthätigem sich fest ausbildete. Es würde damit stimmen, daß man bei uns seit langem pädagogisch in der Religion den Weg nimmt von den Eltern und ihren Wohlthaten zu Gott als Vater über allen. Bei manchen Menschen tritt ein gleiches ein bei ungewöhnlichem Leid: dies erregt ihr persönliches Leben heftig und ungestüm, als Gegenbild erscheint der Untergrund der Dinge als ein gegen sie erzürntes oder sie versuchendes, prüfendes Wesen. Die so entstandenen Gottesvorstellungen können dann durch innere Dispositionen zu der einen oder andern Art geweckt, genährt, mannigfach weitergebildet werden. Die Mittelzeiten und Mittelerlebnisse, welche das persönliche Lebensgefühl nach keiner Seite lebhaft erregen, wecken in den meisten Menschen auch keinen Eindruck persönlicher Macht. Nur wird aus jenen erregten Momenten für diese ruhigen der Schluß gezogen, man müsse das gleiche auch in ihnen empfinden und nach dieser Empfindung auch in ihnen handeln. Die, welche das bis auf einen gewissen Grad dann thun, sind die stetig Frommen; die, welche nur in den Höhepunkten der Erregung jene Gedanken bilden, darüber hinaus sie aber nicht ausdehnen, sind die zeitweilig Frommen, in der Zwischenzeit aber darum keineswegs Unfrommen. An die Auffassung der Weltmächte als persönliche schließt sich das Benehmen der Frommen ihnen gegenüber eben als Personen: das Beten z. B., früher das Orakelbefragen, jetzt manchmal noch das Bibelaufschlagen. Es hat das die biologische Bedeutung, daß man sich nicht in dem, was man im unmittelbaren Bewußtsein möchte und einsieht, abschließt, sondern gleichsam die Frage noch offen läßt für weitere Instanzen. Dadurch werden die mancherlei Kräfte in uns und anderen etwa dabei Beteiligten angeregt und thun sich hervor als Inspiration (aperçu), als leises Gefühl, Zug des Herzens, Deutung einer äußeren Begebenheit u. s. w. Auf diese Weise kommt zur Aussprache das viele in uns, was mit unserem gewöhnlichen Ich nicht fest verbunden ist. An sich ist diese Lebenshaltung nach Gefühl, Herz, Trieb, Gewissen u. s. w. so wenig unfehlbar, wie das hellbewußte Leben, davon giebt es in Geschichte und Einzelleben unzählige Beispiele, aber sie trifft auch oft das sachlich-richtige, namentlich wo ein wissenschaftliches Bewußtsein noch wenig entwickelt ist. Dies wissenschaftliche Bewußtsein entwickelt sich aus den Mittelerlebnissen, die keinen unmittelbaren Eindruck persönlichen

Hintergrundes machen; daraus bilden sich Regeln der Erwartung ähnlicher Fälle, die dann auf die Zeiten mit Persönlichkeitseinbruck ausgedehnt werden. Weltgesetze, Naturlauf treten so an die Stelle persönlicher Mächte. Da indes unsere Kenntnis des Naturlaufs stets eine ziemlich abstrakte ist und besonders die Komplikation der vielen Naturgesetze in einer bestimmten Situation selten klar durchschaubar ist, so muß etwas Ähnliches wie Gebet auch der rein Wissenschaftliche haben, um nicht eng und dürftig zu werden gegenüber dem verborgenen Reichtum menschlicher Natur. Eine kurze Sammlung vor wichtigen Aktionen, ein sich Hingeben an andere mögliche Gedanken und Regungen vor wichtigen Entschlüssen mit absichtlichem Zurücktretenlassen des Bewußten, ein Hinausschauen in die Natur, ob uns nicht durch irgend etwas in derselben associativ noch ein Gesichtspunkt komme, — dergleichen muß das biologisch-wertvolle der Religion ersetzen.

Unser Ergebnis ist: Religion aus sich kann nur subjektive Wahrheit begründen, d. h. jede Religion kommt sich selbst als wahr vor. Die Ansätze zur objektiven Gewißheit, welche das ursprüngliche Christentum bot, haben sich nicht bewahrheitet. Die Frage ist: muß es mit diesem Ergebnis ein für allemal sein Bewenden haben, oder läßt sich doch für Religion noch etwas Objektives finden?

4. Versuch einer auf den realen Wissenschaften ruhenden, also objektiven Gotteslehre.

Indem ich den Versuch erneure, ob es nicht objektive religiöse Vorstellungen geben kann, ist zu befürworten, daß dieselben rein theoretisch sein müssen, d. h. nicht von Gefühl und Wille ausgehen dürfen, sondern unbekümmert um diese sich an solches halten müssen, was als seiend oder geschehend, gleichviel ob es Wert für Gefühl und Wille habe, anerkannt wird und werden muß. Aber selbst in diesem rein Theoretischen muß mit Genauigkeit verfahren werden. Man kann nicht mehr schließen: was allgemein so und so gedacht wird, das ist auch so. Hegel schloß so bei der Religion (Briefe herausgegeben von seinem Sohn, dem Historiker): der einzelne Mensch könne sich bezüglich der Religion irren, die ganze Menschheit nicht, d. h. der Fond der religiösen Vorstellungen muß objektiv sein, weil er in der ganzen Menschheit oder so gut wie in der ganzen

Menschheit vorhanden ist. Aber in der ganzen Menschheit ist auch vorhanden, daß man Erde, Sonne, Sterne ptolemäisch sieht, daß man blau, rot, süß, sauer für objektive Qualitäten der äußeren Dinge hält. Es giebt thatsächliche Wahrnehmungen und thatsächliche Gedanken, die sich jedem aufdrängen und doch bei genauerem Zusehen sich nicht halten lassen, sondern anderen theoretischen Vorstellungen über sie weichen müssen. Ich verweise ein für allemal auf meine Schrift: Die grundlegenden Thatsachen zu einer wissenschaftlichen Welt- und Lebensansicht, 1894. Diese muß ich bei dem folgenden als vorher oder gleichzeitig gekannt voraussetzen. Man kann nur mit gründlichen Kenntnissen aus Naturwissenschaft und Anthropologie heutzutage über Fragen der Objektivität der Religion sich ein Urteil bilden. Auch der weniger Gebildete hat dies Gefühl; davon ist die Popularisierung der Wissenschaft entstanden, worin an und für sich ein ganz richtiger Zug liegt. Die University-extension in England, die auch nach anderen Ländern übergreift, hat gezeigt, daß die Klassen, welche bloß den Volksschulunterricht genossen haben, im Leben herangereift bei meist schwerer Arbeit, wenn sie nur irgend Muße haben, bereit und fähig sind, an den Ergebnissen der Wissenschaft und an den Gründen derselben wohl teilzunehmen.

Führt die Welt, den Menschen einbegriffen, wie man sie in der Naturwissenschaft kennt, auf Gott? Nach der Naturwissenschaft zeigen die durch genaue Erfahrung und ein sich daran schließendes Denken zusammen erreichbaren letzten Seienden mehr oder weniger gleichförmige Beschaffenheiten, aus denen wir die Begriffe von Naturgesetzen bilden, und zeigen eine ihnen selbst einwohnende formale Zweckmäßigkeit, d. h. es gehört zu den Eigenschaften und Bethätigungen der Dinge, daß sie sich zu größeren Ganzen mehr bleibend oder mehr vorübergehend verbinden, welche Ganze sich gegeneinander längere oder kürzere Zeit je nach ihrer Gesamtkraft zu behaupten imstande sind. Es giebt keine rohe Materie, sondern die Materie ist das Reich der Kräfteelemente, welche Verbindungen gesetzmäßig eingehen und verlassen. In der organischen Natur hat Variation statt, welche Lebewesen mit Selbsterhaltung und Fortpflanzung und steigender Fülle der Bethätigungen hervorgehen läßt. Ein Teil dieser organischen Wesen ist beseelt. Von all' diesen Wesen, welche die Naturwissenschaft anerkennt, ist keines für sich allein, sondern sie sind im Zusammenhang unter einander. Bei den unorganischen Elementen sind die erkennbaren Grundkräfte Anziehung und Abstoßung, eventuell Anziehung allein; diese setzt stets zwei Atome voraus, von einem Atom allein wäre gar nicht zu sagen, was es thäte oder litte. Die organischen Körper setzen die unorganischen Elemente voraus, durch deren eigentümliche Verbindungen sie allein bestehen. Geister kennen wir erfahrungsmäßig nur im Zusammenhang mit einem Organismus und der steten Anregung von diesem und von der Außenwelt zu ihrer Bethätigung bedürftig, so wenig sich das Geistige an sich aus körperlichen Elementen oder auch nur als Gegenbild des Körpers verstehen läßt (Grundlegende Thatsachen S. 45 ff.).

Diese Gleichförmigkeiten und Aufeinanderbezogenheiten der Dinge im Wirken treiben den Gedanken einer einheitlichen Ursache hervor, von welcher sie stammen möchten. In der That ist der Satz, daß Gleichheit der Dinge auf eine einheitliche Ursache derselben deute, von uralter Wirksamkeit im menschlichen Denken, gerade im wissenschaftlichen Denken. Ausgehend von dem Zusammenhang in der Welt haben Plato und Aristoteles die Lehre von dem Einen Gott wissenschaftlich begründet. Nachdem die neuere Wissenschaft die diskrete Vielheit der Dinge genauer erkannt hatte (Atomistik von Gassendi an), blieb von den Gleichförmigkeiten und dem Zusammenhang der Einzeldinge aus der Gedanke einer einheitlichen Ursache immer rege, wie es Baco ausgedrückt hat: der Einklang der wirkenden Ursachen führt in der Naturphilosophie schließlich zu Gott.

Indem wir diesem Gedanken einer einheitlichen Ursache nachgehen, entsteht die Frage: wie ist dieselbe anzusetzen? Da müssen wir uns sofort hüten, etwas anderes bei dem Ansatz derselben zu gebrauchen, als was rein theoretisch ermittelt ist, d. h. unsere Phantasie, unsere Gefühle und Wünsche einzuschieben; denn von diesen kommt man auf zu viele Ansätze über Gott, die sich einander aufheben, weshalb wir eben nach einer theoretischen Grundlage für die Gottesvorstellung suchen. Auf alle Fälle müssen wir die einheitliche Welturfache denken als ohne die Relationen, in welchen wir die äußeren Dinge und die irdischen Geister allein kennen. Sie soll ja dasjenige sein, in welchem die äußeren Dinge und irdischen Geister mit ihren Relationen gegründet sind. Sie ist also eine absolute Ursache. Sie ist da, einfach da, von Ewigkeit da, eine ewige Thatsache, in welcher die zeitlichen Thatsachen ihren letzten Grund haben. Eine solche absolute Ursache ist ohne inneren Widerspruch denkbar. Sie hat auch der Phantasie nie Schwierigkeiten gemacht, im Gegenteil hat man vielfach lange Zeit den Menschen und die Dinge selbst als solche absolute Wesen im kleinen gedacht und hat diese letztere Vorstellung nur vor der genauen Wissenschaft der körperlichen und geistigen Welt aufgeben müssen.

Diese absolute Ursache kann man sich nur als geistige denken. Denn wäre sie körperlich, so wäre es ganz unverständlich, wie das Geistige in ihr gegründet sein könnte, da das Geistige in der Welt aus Körperlichem weder erklärbar noch begreiflich ist (Grundlegende Thatsachen S. 45 ff.), der sog. Parallelismus von Körper und Geist aber selbst bei dem menschlichen Geist nicht zutrifft, wo nur eine durchgängige Bedingtheit des Geistigen durch den Körper nachgewiesen werden kann, zugleich aber ein Hinausgehen vieler geistigen Inhalte über das Körperliche (Grundlegende Thatsachen S. 79 ff.).

Gott, denn so hat man die einheitliche Welturfache stets genannt, ist also Geist, reiner Geist. Die Welt nach ihrer körperlichen und geistigen Seite ist also zunächst in ihm geistig, als Gedanke, der aber nicht bloß Gedanke bleibt oder ist, sondern zugleich verwirklichter Gedanke ist, so daß die Körper und weltlichen Geister sind, als wären sie einfach da in ihren Verflechtungen, und sind doch nur da durch Gott und weil Gott ist und mit dem verwirklichten Weltgedanken ist. Wir müssen uns wieder streng halten an das, was naturwissenschaftlich feststeht. Fest steht die Erhaltung der Kraft, die Erhaltung der Materie, die Bedingtheit des weltlichen Geistes, der Zusammenhang von alle dem untereinander. Dafür, daß das so ist, ist Gott die abschließende Ursache; mehr können wir darüber nicht behaupten. Wir können nur auf Gott als einheitliche Welturfache Rückschlüsse machen, aber wir können uns nicht in Gott unmittelbar versetzen, noch weniger Gott selbst sein. Wir können auch nie die Dinge selbst sein, nie ein anderer menschlicher Geist selbst sein; wir können Dinge und endliche Geister nur vorstellen und stellen beide meist zunächst falsch vor. Nur nach jahrtausendelangen Bemühungen ist ein kleiner Teil der Menschheit zu den genauen Erkenntnissen gekommen, die wir jetzt haben, und auf welchen wir bei den obigen Ansätzen über Gott fußen. Alle die Ausschmückungen Gottes, die sich von dem Idealisieren, dem Unendlichkeitsgefühl aus sofort einzustellen pflegen, müssen wir uns versagen; sie leisten zuviel, d. h. die Ausschmückungen der einen sind unverträglich mit denen der anderen, in ihnen müssen wir ein für allemal subjektive menschliche Vorstellungen erkennen. Dies war der Fehler der bisherigen Philosophie, daß sie Gott als absolute Ursache sofort mit Prädikaten des Herzens oder unserer Wünsche ausstattete und dadurch unendliche und ganz unüberwindliche Schwierigkeiten nachträglich wieder gegen den Gottes= begriff erzeugte.

Die einzigen Philosophen, die dies etwas vermieden, waren Ari= stoteles und Leibniz. Jener statuierte Gott als abschließende ein= heitliche Welturjache, welche die Keime der Dinge erregt zur Wirk= samkeit oder Wirklichkeit. Der Grundgedanke hiervon ist ganz richtig, nur muß man die Keime der Dinge eben als an sich bloße Möglich= keiten, also als Gedanken Gottes, fassen, die aber unmittelbar mit seinem Denken verwirklicht sind. Leibniz hatte darin recht, daß er stets lehrte, die Möglichkeiten der Dinge und die Kombination von Möglichem, welche unsere Welt bilden, seien einfach in Gott da, Gott sei nicht Urheber seines Verstandes. Aber ebenso ist Gott nicht Ur= heber seines Willens, seiner Wertschätzung, sondern diese sind mit ihm einfach da. Mit anderen Worten: die Schöpfung ist ewig, wie dies z. B. Origenes lehrte, Thomas von Aquino an sich für zulässig er= achtete, Schleiermacher annahm, und was fast alle pantheistischen Vorstellungen meinten; denn diese unterschieden Gott als einheitlichen Weltgrund meist immer noch von den einzelnen Weltdingen, nur der Zusammenhang von alledem sollte Gott sein. Die Schöpfung ist aber nicht bloß ohne Anfang, obwohl durch Gott, sondern sie ist auch ohne Ende. Darauf führt schon die Naturwissenschaft mit ihrer Un= zerstörbarkeit der Kraft und der Materie; denn diese ist konstatiert in und aus dem gegenwärtigen Weltlauf, da dieser aber auf Gott als eigentliche Ursache in obiger Weise zurückführt, so sind Unzerstörbar= keit von Kraft und Materie eben auch einfach mit Gott da. Daß Gott schöpferisch wirkt, scheint schwierig, wenn man es sich vorstellen will im Bilde; denn unsere Wirksamkeit ist nie schöpferisch. Aber Thomas von Aquino hat ganz recht darin, daß man sich die Wirksamkeit einer absoluten Ursache gar nicht anders denken könne, denn als schöpferisch. Absolut heißt nichtrelativ, nicht abhängig von noch Verschiedenem. Das Eigene der Schöpfung ist, daß Gott Gedanken denkt, die, indem er sie denkt, nicht bloß seine Gedanken sind, sondern zugleich Wirklichkeiten, so wie wir die Körper und irdischen Geister kennen als wirklich, ohne unmittelbar inne zu werden, daß sie durch Gott sind. Nicht von allen Gedanken Gottes gilt, daß sie als gedacht auch real sind; denn da Gott einheitliche Ursache von allem ist, so ist er auch Ursache von unseren Gedanken, unter welchen viele sind, die nicht Wirklichkeit haben und von der Wirklichkeit sehr abweichen. Unsere Welt oder die Welt überhaupt sind die Gedanken Gottes, welche zugleich wirklich sind, d. h. nicht bloße Gedanken.

Leibniz hat dies so gewendet, als sei unsere Welt eine nach Vergleichung mit anderen möglichen um ihrer inneren Vollkommenheit willen gewählte Welt. Allein diese Vorstellung verläßt den festen theoretischen Boden der Rückschlüsse von der Welt auf ihre einheitliche Ursache. Diesen innehaltend können wir nur sagen: Gott hatte mit seinem eigenen Dasein zugleich den Gedanken unserer Welt als zu verwirklichend. Denn wegen Gottes Ewigkeit lassen sich ein Auseinanderfallen von Denken und Thun nicht annehmen. In ihm fallen sein eigenes Sein und das Bewußtsein darum schlechthin in Eins, und so fällt auch in seinem Bewußtsein die gedachte, gewollte und verwirklichte Welt in Eins. Nur aus ihr selbst können wir ihre Eigentümlichkeiten entnehmen, und dann von diesen sagen, daß sie gewollt worden sind. Die Eigentümlichkeit unserer Welt und der ganzen Welt ist nach der genauen Wissenschaft, daß sie aus unorganischen Elementen besteht, die den Organismen als Grundlage dienen, und aus Geistern, welche aber an Organismen gebunden und durch sie stets bedingt sind, und daß in dieser Welt nicht bloß Zusammenhang ist, sondern auch stete Veränderung mit ev. Vervollkommnung in den Organismen und dadurch auch in den Geistern, so zwar daß das Geistige, stets bedingt durch das Organische und Unorganische, doch mannigfachen eigentümlichen Inhalt hat und durch seine Eigentümlichkeit mannigfach auf das Organische und Unorganische einzuwirken vermag, aber immer mit Hilfe des Organischen. Die Vollkommenheit der Welt nach unseren Begriffen ist auf Grund der Wissenschaft die Mannigfaltigkeit der Realitäten, eine aufsteigende Stufenfolge derselben, eine stete Variation und damit verbunden ev. Vervollkommnung, geistige Wesen, aber nicht rein als solche, sondern bedingt durch das Organische und trotz dieser Bedingtheit doch vielfach mächtig über dasselbe. Unzweifelhaft hat es nach wissenschaftlicher Erfahrung Zeiten gegeben, wo das Organische sich noch nicht entfaltet hatte und ebensowenig das Geistige, und es können solche Zeiten wiederkommen, etwa bei unserer Erde, wenn die Sonne all ihre Wärme ins Weltall ausgestrahlt hat, und jene dadurch unfähig wird Organismen und folgeweise auch irdische Geister zu haben. Man kann also nicht sagen, daß die Geister der eigentliche Endzweck Gottes seien oder das Lebendige dies sei, sondern dies ist die Welt in ihrer Mannigfaltigkeit, wozu aber Leben und geistiges Leben als hervorstechende Fälle gehören. Endzweck ist das mehr in menschlicher Ausdrucksweise; denn dies Auseinanderfallen von Zweck und ev. Mitteln zur Verwirklichung und ins Werk setzen der Mittel zur Herbeiführung des Zweckes hat bei der Ewigkeit Gottes und der Schöpfung nicht statt. Gewählt kann diese Welt genannt werden als von Gottes Geist, d. h. Denken und Wollen und Wirken in Eins gefaßt, zugelassen und ewig nach menschlicher Auffassung weiter gewollt.

Was so in Gott ewig ist, ist in der Welt eine zeitliche Unendlichkeit nach rückwärts und vorwärts, von der aber Gott Bewußtsein hat; denn in seinem Verstande war diese Welt als ein Zusammenwirken diskreter Elemente der mannigfachsten Art gesetzt. Da diese Welt aber in Gottes Verstand einfach da war und „Gott nicht Urheber seines Verstandes" ist, so sind alle Dinge zugleich, als wären sie von sich selbst, wie es Leibniz ausgedrückt hat: „Adam frei sündigend war unter den Ideen Gottes; der Mensch ist so selbst die Quelle seiner Übel." Allgemein gesagt, und mit Weglassung des mythischen Adam und des mythischen Sündenfalls: alle Dinge waren in Gott vorhanden als mögliche Elemente mit möglichen Kräften, Eigenschaften, Thätigkeiten, Relationen u. s. w., d. h. die Dinge sind zwar nur wirklich durch Gott, aber sie sind so wirklich, wie sie als mögliche in seinem Bewußtsein waren, und das will sagen, sie sind zugleich, als ob sie von sich wären. Wie es die Scholastik ausdrückte, „die Dinge sind ganz durch eigene Kraft und ganz durch Gottes Kraft." „Gott wollte das Freie als Freies, das Notwendige als Notwendiges," nämlich frei und notwendig in dem Sinne, welchen die genaue Wissenschaft davon konstatiert, bei der die Möglichkeit des Anderswerdens namentlich für die bewußten Wesen groß genug bleibt (Grundlegende Thatsachen S. 105 ff.). Da die Welt in ihrer Ganzheit von Gott gewollt ist, so hört die Frage nach Optimismus und Pessimismus auf. Diese setzten voraus, daß die Welt ist wegen der geistigen Wesen und wegen der Wertgefühle derselben. Aber nach der genauen Wissenschaft sind Lust und Unlust Folgen organischer Einrichtungen, gehören mit zu dem Veränderlichen der Welt, sind als solche gar nicht immer, mindestens in dem uns am besten bekannten Teil der Welt, gewesen. Sie sind eine wichtige Frage für die bewußten Wesen, eine, die einen Teil der Welt angeht, der auf unserer Erde noch in Anfängen geistig-leiblicher Entwickelung steht. Ursprünglich ist im Menschen vorherrschend das Geistige im praktisch-biologischen und ästhetischen Sinne. Das Letztere entwickelt sich zu den Religionen, die zugleich Denken sind als Idealisieren und Unendlichkeitsgefühl. Erst in einem kleinen Teil der Menschheit hat sich aus dem Idealisieren das Exaktmachen der sinnlichen Erkenntnis entwickelt und damit ein Anfang moderner genauer Wissenschaft; noch fast ganz steht aus die Anwendung der Methode auf das geistig-sittliche Leben des Menschen und seine Ziele. Was die nächste Aufgabe ist bei den gebildeten Völkern in einem kleinen Kreis derselben, ist dann auf die weiteren Kreise derselben allmählich auszudehnen und endlich der ganzen Menschheit zuzuführen.

Von der ästhetisch und religiös idealisierenden Geistesart aus hatte man gefolgert, daß der menschliche Geist nicht bloß eine Wesenheit für sich sei, sondern auch von der Welt befreit (erlöst), ein ewiges seliges Leben bei Gott zu führen bestimmt sei. Nach der genauen Erfahrung ist dies zu korrigieren. Eine eigene Wesenheit ist der menschliche Geist (Grundlegende Thatsachen S. 45 ff.; S. 94 ff.) aber als stets sich entfaltend nur im Zusammenhang mit einem Organismus und der Welt anzusetzen, wenn auch, wie alles in der Welt, durch Gott. Wäre dies anders, so wäre der menschliche Geist schon jetzt aus sich allein der geistigen Thätigkeit fähig oder bedürfte dazu nur der Anregung Gottes. Dies ist oft als Thatsache behauptet worden, aber die genauere Wissenschaft zerstört diese angebliche Thatsache. In der Entzückung, im abstrakten Denken sollte der Geist rein für sich thätig sein können, ohne Hilfe des Körpers: aber man hindere in solchen Momenten nur den Zufluß des Bluts zum Gehirn, und sofort hört alle geistige Thätigkeit auf. Dies deutet an, daß unser Geist, auch der menschliche, nicht spontaner Geist ist, sondern receptiv-spontan, auf Anregung eines Organismus thätig, aber auch dann oft über das bloße Gegenbild des Organismus hinaus.*) Die Unsterblichkeit als eine rein geistige Existenz bei Gott muß daher aufgegeben

---

*) In dem „Evangelium der armen Seele" (mit Vorwort von Lotze. Leipzig 1871) hatte ich von der idealisierenden Thätigkeit des menschlichen Geistes aus diesen als von sich aus thätigen Geist und Gott als den Erlöser desselben aus der von Gott unabhängigen Weltwirklichkeit gefaßt. Wie man aber den menschlichen Geist nicht mehr als spontanen Geist ansetzen kann, so läßt sich Gott wissenschaftlich nur von der Welt aus behaupten.

werden, dagegen bleibt der Geist als formale Einheit (Grundlegende
Thatsachen S. 94 ff.) unzerstörbar und unvergänglich in seiner Wesen=
heit, gerade wie die diskreten sonstigen letzten Elemente der Welt.
Die Seele kehrt daher gewiß wieder in anderen Leibern und also,
da diese die Grundlage der inhaltlichen Persönlichkeit sind (Grund=
legende Thatsachen S. 82 ff.), mit anderer Persönlichkeit, gerade wie
die Atome aus einer Verbindung ausscheidend in andere eintreten.
Wie das näher zugeht, wissen wir nicht. Es giebt aber auf jeden
Fall mehr Seelen, als es früher Menschen gab, z. B. die Bevölkerung
Europas ist jetzt doppelt so groß als vor 100 Jahren, die Seelen
müssen so zum Teil damals ohne Leib irgendwie vorhanden ge=
wesen sein.

Von der Wiederkehr der Seelen aus können wir unserem gegen=
wärtigen Leben ein großes Ziel geben, nämlich mit daran zu arbeiten,
daß die wiederkehrenden Seelen solche organische, äußere und gesell=
schaftliche Bedingungen ihres erneuten Bewußtseins finden, wie wir
sie etwa allen unseren Kindern und Enkeln wünschen, gesunde Körper,
leichte Entwickelung der physiologisch=psychologischen Anlagen, aus=
reichende und nicht zu schwer gemachte Lebensmöglichkeit, was die
äußeren Mittel betrifft, ein heilsames geistiges milieu durch wohlthätige
und fördernde wissenschaftliche, künstlerische, religiöse Zustände der be=
treffenden Gemeinschaft und eine Erziehung in denselben, welche nach
den effektiven Gesetzen menschlicher Natur verfährt und uns dadurch
die vielen Verfehlungen trotz eifriger Bemühung erspart, die wir jetzt
haben durchmachen müssen. Indem wir an alledem arbeiten, arbeiten
wir gewissermaßen für unsere eigene Zukunft mit. Denn diese Welt
ist unser Haus, kann unsere Hölle und unser Himmel werden, zwar
nicht im absoluten, wohl aber im relativen Sinne. Alle Menschen=
geister nehmen so Teil an der Zukunft und haben Teil genommen
an der Vergangenheit. Es sind dieselben geistigen Einheiten, welche
in der Geschichte immer wieder von neuem auftreten, und je nach=
dem sie selbst es sich bereiten, in Gegenwart und Zukunft gebettet
sind. Geister, die in den Zeiten Homers oder des Kannibalismus
lebten, können auch jetzt wieder da sein, aller Segen und aller Fluch
trifft immer dieselben formalen Persönlichkeiten. Eine Seele, welche
einem heutigen Botokuden einwohnt, kann nach einigen Generationen
unserem eigenen Urenkel einwohnen, gerade wie ein Atom, das jetzt
in Afrika etwa einen Wassertropfen mit bildet, in einiger Zeit in
einem Glase Wein an Königstafeln des Nordens prunken kann.

Gottes Leben besteht im Bewußtsein der Welt und ihrer sich entfaltenden Geschicke; es ist in sich reine Thätigkeit, Denken, welches zugleich Verwirklichen ist, von Ewigkeit zu Ewigkeit. Aristoteles fand hierin die Seligkeit. Was die Weltinhalte betrifft, so erlebt Gott diese in ihrer Entfaltung mit, aber er sieht in der Gegenwart immer zugleich die Zukunft. Es ist ein Schauspiel, das dadurch ist, daß er es denkt und zuläßt, und das doch zugleich sich wie aus sich selbst entwickelt. An uns ist es darum, durch Erkenntnis der einwohnenden Gesetze der Welt und unserer menschlichen Natur das Schauspiel der Welt an unserem Teil vor dem Geiste Gottes zu einem freudigen zu machen und nachhaltig freudigen. Von der prähistorischen Zeit sah Gott, daß sich daraus eine Menschheit entwickeln würde mit Überwiegen des ästhetischen und religiösen Momentes; in diesem wieder sah er voraus die Keime der Wissenschaft und der darauf gegründeten äußeren Weltumbildung und möglichen menschlichen Fortbildung. Vielleicht, daß die Naturwissenschaft Recht hat darin, daß durch allmähliche Erkaltung der Sonne unsere Erde kein Leben mehr tragen könne, und also die geistigen Elemente nicht mehr die Anregung durch die Organismen finden, deren sie bedürfen zu ihrer Bethätigung. Aber wie unser Planetensystem sich aus einem gasförmigen oder vierten Molecularzustand herausentwickelt hat, so können gleichzeitig und abwechselnd mit unserer Erde andere Weltkörper sich in den Zustand ausgebildet haben, wie jetzt unsere Erde ist oder wie sie früher war. Es ist immer in der Welt wegen der steten Bewegung und Variation Neues. Aber der Mensch und überhaupt das Geistige ist nicht Wesen und Substanz der Welt, selbst nicht, wenn man die Körper selber in Geist verwandeln wollte, der uns nur als Körper vorkomme. Denn dann ist der nichtbewußte Geist, also das, was wir sonst nicht Geist nennen, die Hauptmasse der Welt und die Bedingung, durch die in besonderen Fällen sich der bewußte Geist entfaltet. Es bleibt dann praktisch dasselbe wie jetzt. Die Entwicklung der Welt, d. h. die mannigfachen Elemente in ihren Bethätigungen und ihrem Zusammentreten enthalten Gutes. Der Mensch mag die Blüte der Welt heißen, wenn er ihre Gesetze erkennt und sich danach bethätigend und ausbildend die höchste Entfaltung menschlicher Natur bewirkt, und er mag damit eine besondere Freude Gottes sein, aber der Mensch ist nicht die ganze Welt, sondern nur eine besondere Existenz in derselben und ist und war nicht immer.

Grundzüge der Lebensauffassung und Lebensführung auf Grund

von alledem werden sein: Unzweifelhaft tritt an die Stelle der Vorsehung für den Einzelnen die allgemeine Gesetzlichkeit, an Stelle der wunderbaren Ereignisse das Vertrauen, daß vermöge der Anpassungsfähigkeit fast aus allen Lagen Gutes erfolgen kann, an Stelle des Gegensatzes von „Sinnendurst und Seelenfrieden" die Überzeugung, daß körperliche Kräftigkeit mit Mäßigkeit und geistige Kraft ohne Überreizung das dauernd beste für den Menschen sind. Dazu muß durch entsprechende Gewöhnung in der Kindheit schon der Grund gelegt werden. Die Jugend ist als eine Zeit der Gefahr einseitiger Reize, körperlicher und geistiger, darzustellen und zu behüten. Männliches Alter ist die wahre höchste Lebenszeit. An Stelle des Seelenheils tritt maßvolle körperliche und geistige Frische und die Überzeugung, daß unsere inhaltliche Persönlichkeit gerade irdisch bedingt ist, unser formales Ich aber unvergänglich wie die Naturelemente. Daher ist Verbesserung der Rasse und Verbesserung der äußeren Lebensbedingungen das stete Arbeitsziel, das auch uns selbst zu gute kommen wird, solange Menschheit besteht. Alle Seelen können schon dagewesen sein, aber ihr Glück und Unglück hängt wesentlich von dem Leib mit dem Nervensystem ab, das ihm zuteil wurde. Unheilbar böse d. h. solche, die anderen zur unerträglichen Last werden durch ihr Thun, werden unschädlich gemacht, eventuell beseitigt. Solche, die sich selbst zur Last sind, werden gelehrt, Gewaltskuren an sich zu machen, eventuell wenn dieselben nicht anschlagen, sich selbst aus der Welt hinauszuführen. Wenn der ganze Mensch sittlich nur Verwüstung ist und bringt, so wird er zum Wohlthäter für sich und andere, wenn er die Welt von sich befreit. In dieser Welt ist, wie schon gesagt, unsere Hölle und unser Himmel, aber nie im absoluten, stets nur im relativen Sinn. Im absoluten nur als Phantasie oder als Hoffnung auf stete Besserung, die aber in Wirklichkeit immer nur allmählich sein wird. Wissenschaftliche Religion ist die Erkenntnis, daß Gott der letzte Grund der Welt ist, und daß er die Welt nicht willkürlich geschaffen hat, sondern so, wie sie in seinem Verstande mit ihm selbst da war, zugelassen hat, d. h. Gedanken in Wirklichkeit umgesetzt hat und umsetzt von Ewigkeit zu Ewigkeit. Der Weltlauf und die Weltgesetze werden immer nur aus der Welt selbst gelernt, nicht aus unsern bloßen Phantasiegedanken. Zu diesen Weltgesetzen gehört die Entwicklung, deren Höhepunkt im Menschen ist die genaue Wissenschaft mit ihren Folgen für äußere und innere Art des Menschen. An dieser Wissenschaft und ihrer Verwendung zu arbeiten, ist daher der höchste Gottesdienst. Die Weltentwicklung selbst ist das Weltgericht: es scheidet aus der Welt sich aus, was sich als Gesamtgebilde gar nicht mit den Grundbedingungen derselben verträgt, es behauptet sich immer mehr, was mit den Grundbedingungen derselben stimmt. Das ist freilich oft anders, als man wohl gemeint hat. Das ästhetisch Geistige, namentlich auch in der religiösen Gestalt, weil es dem Menschen eigentümlich ist, hat früher vielfach als das Hohe in der Welt sich gedünkt, und ist von roheren Völkern mit ihrer derben Muskelkraft besiegt und beherrscht worden. Darin lag eine Lehre der Weltgeschichte, die jetzt erst erkannt ist, daß nämlich das Organische die stete Grundlage des Geistig-Sittlichen ist, und daß Nervenkraft ohne Muskelkraft nichts vermag in der Welt und in sich selbst Gefahr läuft zu entarten, d. h. schwächlich zu werden und statt der wirklichen Welt eine erträumte zum Gegenstand ihrer Bethätigung zu machen, wie so viel in Indien unter anderen geschehen ist.

Ist Gott als einheitliche Welturfache allmächtig, allwissend u. s. w.? Er ist das im Sinne von weltmächtig, weltwissend u. s. w., aber im gewöhnlichen Verstande jener Worte ist er es nicht. Diese Worte sind gebildet nach dem Gottesbegriff des Herzens, d. h. des Gefühls und der Phantasie. Die wissenschaftliche Religiosität muß vor ihnen warnen; sie muß lehren, daß Religion in diesem Sinne zu erklären ist nach S. 112 ff. der „Grundlegenden Thatsachen" und daher praktisch-biologische Bedeutung hat, aber gar nicht unfehlbar ist in dieser, sondern aus sich öfter irreleitet.

Kann man zu diesem Gotte der Wissenschaft beten? Man kann das etwa in folgender Weise: „Einzigartiges Wesen, durch welches alles ist und welches über allem ist, der Gedanke an dich wird stets neu geweckt durch den Zusammenhang und die Verkettung der Dinge. Du wirkst nach festen Gesetzen; soweit ich diese in betreff der menschlichen Natur erkenne, können sich Leib und Seele in mir und Anderen entfalten zum Wohle, kann meine leibliche und geistige Thätigkeit nützlich werden zum eigenen Bestehen und zum gemeinsamen Gebrauch des Lebens. Möchte ich meine Tage hinbringen, niemandem wehe thuend, es sei denn zur Abwehr und auch da noch Geduld und Mäßigung übend. Möchte ich Widerwärtigkeiten kräftig überwinden, in niedere Sinnlichkeit nie verfallen. Der Geistige und Gute fühlt sich dir wie verwandt und ist eine Freude vor deinen Augen."

Über diese Gedanken etwa kann auch gepredigt werden, d. h. in begeisterter Rede Gott als die einheitliche Ursache der Welt verkündet und das Beste in dieser Welt Gottes aufgezeigt werden zur Erbauung, b. h. geistig=sittlichen Belebung und Kräftigung der Menschen. Texte dazu können überallher genommen werden, aus allen Wissenschaften, aus aller Litteratur, auch der religiösen, aus aller Geschichte, wenn sie jenem Zweck dienen. Besonders der Gedanke, daß der geistig=sittliche Mensch das Beste in der von Gott getragenen Welt verwirklicht und zur Ausübung bringt, kann ein zündender Mittelpunkt solcher Predigten, Lieder, Liturgieen werden.

Will Gott erkannt sein? Gott will die Welt, wie sie ist, mit der Entwicklung in ihr. Sofern das höchste dieser Entwicklung die Wissenschaft ist und diese als Abschluß die einheitliche Welturfache oder Gott hat, will er dies. Aber Gott will die Welt mit ihrer Entwicklung und diese ist mannigfach, enthält vieles, was bloß Hinleitung zu Höherem, an sich Niederes ist, enthält Hemmungen des Höheren, kurz, diese von Gott gewollte, b. h. zur Existenz bejahte Welt ist zugleich, als wäre sie aus sich selbst und von sich selbst. Es kann daher Wissenschaft geben ohne Religion. Namentlich bei den Religionen des Gefühls und der Phantasie ist die Opposition gegen diese von Seiten der Wissenschaft sogar begreiflich. Gewöhnlich liegen Wissenschaft und Religion in diesem Sinne miteinander in Streit, und wird nur eine Verträglichkeit möglich durch Aufgeben von Seiten der Religion gegenüber den Gebildeten. Rationaler Positivismus ist wahr, b. h. die Erkenntnis der Gesetzlichkeit der Dinge und daß diese Gesetzlichkeit nur erkannt wird von gewissen geistigen Formalbegriffen aus, ist wahr, auch wenn man sich darauf beschränkt, bloß diese Gesetze als solche anzuerkennen, es unentschieden lassend, ob sie in einer einheitlichen letzten Ursache begründet sind. Im einzelnen hat man schon früher positivistische Annahmen gemacht. So hat Hugo Grotius gelehrt, daß das Naturrecht verbindlich sei auch für den Atheisten, Wolff, daß es mit der Moral sich ebenso verhalte. Daß die Natur mit Ausschluß des Menschen ohne Gott verstanden werden könne, ist gerade bei modernen Theologen eine öftere Annahme, die alle Religion aus Gemüt herleiten, nicht ahnend, daß sie hier in den Spuren letztlich Rousseaus wandeln, und daß gerade es Gemüts=, b. h. Gefühls= und Phantasieannahmen sind, welche zu all den Vielheiten und Verschiedenheiten führen, die oben sind aufgeführt worden. Gerade aber die Naturwissenschaft, den Menschen miteinbegriffen, treibt den Gedanken einer einheitlichen Ursache theoretisch hervor.

Also der Positivist, wenn er nur richtig die Gesetze der Welt und der menschlichen Natur erkennt und sich danach richtet, fährt gerade so wohl wie der, welcher die Religion der Wissenschaft noch dazu hat? Gewiß; denn auch der letztere fährt nicht dadurch wohl, daß er die Religion der Wissenschaft hat, sondern daß er das andere hat, was auch der rationale Positivist besitzt und soweit er dies besitzt. Aber auch dieser rationale Positivist verschließt sich gewöhnlich der Religion der Wissenschaft nicht. Comte erklärte, daß, wenn man eine Hypothese wagen wolle, die eines Planes, d. h. einer intelligenten Welturfache die wahrscheinlichste sei. Herbert Spencers Unerkennbares (Unknowable) ist zwar etwas von ihm stark pantheistisch und monistisch Mißbrauchtes und oft schlecht Begründetes — das Relative unserer Erkenntnis erfordert Beziehungspunkte, die in Relation stehen, aber nicht ein Absolutes als existierende Macht —, aber gelegentlich giebt er durchaus zutreffend den Zusammenhang der Dinge als das auf eine einheitliche Ursache Hindeutende an. Religion wird von den Positivisten regelmäßig abgelehnt im Sinne von etwas, das sich lediglich auf Gefühl und Phantasie berufe, und darin haben sie Recht. Daß man, die Frage der Religion offen lassend, von einem rationalen Positivismus aus Lebensauffassung, Lebensführung und Lebensgestaltung entwerfen kann, ohne das höhere Streben des menschlichen Geistes zu beeinträchtigen, habe ich 1891 dargelegt in einer kleinen Schrift: „Ein Lebensbund. Erzählung aus der Zukunft." Es wollte auch mir lange Zeit nicht gelingen, Religion rein von moderner Wissenschaft aus zu entwerfen, da die stets hier verwirrende Einmischung von Gefühl und Phantasie uns tief eingepflanzt ist von Jahrtausenden her.

Es ist also Übel und Böses in Gottes Welt? Ja, aber auch Gutes und Entwicklung, b. h. Möglichkeit der Änderung nicht bloß von Gutem zum Bösen, sondern auch von Übel und Schlechtem zum Guten. Das war die schwerste Zumutung der historischen Religionen, daß entweder alles in Gottes grundlose Willkür gestellt wurde und man sich für das begeistern sollte, was, wenn es uns in menschlichen Verhältnissen nur in Annäherungen entgegentritt, Schrecken und Entsetzen erregt, ein launenhafter Despotismus, oder daß man das, was man fühlte als Schmerz und menschlicherweise beurteilt als schlecht, daß man das für Schein halten sollte, denken sollte, es sei eigentlich Wohlthat und eigentlich Güte. Oder aber es wurde uns zugemutet, den Menschen als eine schöpferische geistige Causalität zu denken, die

an allem Übel und Bösen in der Welt selbst allein schuld sei, während
man gewöhnlich menschlich sehr gut angeben kann, woher das Übel
und das Böse in einzelnen Menschen kommt, und die Wissenschaft
unserer Tage ganz sicher festgestellt hat, daß auch das Moralische im
Menschen körperlich bedingt ist, das gute wie das schlechte. Wenn
also ein Mensch Gott lästert und viehisch lebt und gegen viele ein
Bösewicht ist, so gehört er doch zu Gottes Welt? Ja, aber diese
Welt hat ihre Gesetze und zu diesen gehört, daß ein Mensch sich
selbst zu Grunde richten kann und den Widerstand anderer hervorrufen kann bis zu seinem Untergang. Diese der Welt einwohnende
richtende Gewalt verdient viel mehr erkannt zu werden, als sie es noch
ist. In Hygiene im allgemeinen, in Nervenkraft insbesondere ist diese
richtende Gewalt der Menschen sehr groß. Noch mehr aber sollte die
richtende Gewalt der Menschen gegeneinander erkannt und geübt
werden, daß man Laster bezeichnete als das, was sie sind, daß man
um der Macht des Beispiels willen energisch reagirte. Jetzt verläßt
man sich auf Gottes, d. h. des Gottes der Gefühlsphantasie, Strafe
und entzieht dem Bösen, das nicht gerade durch menschliche Gerechtig-
keit erfaßt werden kann, die heilsame Strafe, welche in ehrlicher und
intelligenter Beurteilung liegen kann. Aber der Unglückliche, der
auf Erden einen schmerzhaften Körper, einen mangelhaften Geist hat,
wie den trösten? Man mildere seine Leiden, soviel man vermag,
man wecke seinen Geist, soweit möglich; vielleicht ist in beiderlei Hinsicht viel mehr erreichbar mit der Ausbildung der Wissenschaft vom
Menschen, als man früher ahnte. So lang man vor dem menschlichen
Leib als dem Gebilde höchster Weisheit schüchtern stand, hat man viel
mehr Übel desselben bestehen lassen; jetzt schneidet man den halben
Leib weg, und die andere Hälfte lebt erträglich mindestens oder gar
vergnügt weiter. Einem mangelhaften Geist hilft man in eigenen
Anstalten, oder man sucht ihm in Hypnose beizukommen, wovon einige
erfolgreiche Beispiele vorliegen sollen (Grundlegende Thatsachen Kap.
11 und 13). Man wird aber mutiger werden; man wird unheilbar
und dabei schmerzhaft Kranken mit ihrer Einstimmung und geistig
Umnachteten die Erlösung geben, die sich von selbst aufdrängt, sobald
man die Erkenntnis der allgemeinen Gesetze hier und die Behandlung
danach hat; man wird sie schmerzlos von dem ungeeigneten Leib be-
freien und so der Seele die Möglichkeit geben, Seele eines besser
ausgestatteten Leibes zu werden und dadurch zu einer gedeihlichen
Persönlichkeit zu erblühen. Der Lasterhafte wird nicht mehr groß da-

mit thun können, daß er zwar viele Menschen verdirbt nach Leib und Geist, aber sich doch vor der Sünde hüte, sein eigenes Dasein direkt zu zerstören. Man wird dem Lasterhaften, der sich darauf beruft, er könne nicht anders, er sei nun einmal so, vorhalten, dann müsse diese Unwiderstehlichkeit, d. h. diese ganze Existenz weggeschafft werden. Die Selbsttötung, um einem unwiderstehlichen lasterhaften Hange zu entfliehen, wird eine sittliche That werden und wohlgefällig sein in den Augen Gottes, gerade wie eine Überwindung der schlechten Natur in uns durch die besseren Anlagen wohlgefällig ist vor Gott. Wenn erst Glück und Tugend in ihrer irdischen Bedingtheit und Möglichkeit allgemeiner erkannt und Detailregeln ihrer Erwerbung und Erhaltung erlangt sind, wird sich vieles ganz anders stellen, als man jetzt und bisher gemeint hat.

"Dem Guten soll es auch gut gehen," d. h. er soll mindestens zu leben haben und von Schmerz und störender Unlust frei sein (Kant). Gewiß ist dies ein Ausspruch der praktischen Vernunft, aber der praktischen Vernunft als idealer Macht genommen, womit für die Realisierbarkeit in der Wirklichkeit noch gar nichts entschieden ist. Kant hat in der theoretischen Philosophie den Satz aufgestellt, und es ist das eine seiner großen Erkenntnisse, daß aus der logischen Möglichkeit noch nicht die reale Möglichkeit folge, d. h. nicht folge, daß das ohne Widerspruch in sich Denkbare auch irgendwie verwirklicht sei oder werde. In der praktischen Philosophie hat er diesen Satz durch die Handhabung der Postulate wieder umgestoßen, was nicht angeht. Gilt der Satz theoretisch, so gilt er auch von dem, was durch Willen verwirklicht werden soll oder kann, d. h. vom Praktischen. Das wäre eine schöne Mathematik, die theoretisch bewiese, daß 2×2 nicht mehr noch weniger als 4 sein könnten, und die praktisch forderte, daß etwa den Wünschen des Empfängers gemäß $2 \times 2 = 5$ sei oder denen des Gebers entsprechend $= 3$ sei. Man muß die Aussprüche der praktischen Vernunft anerkennen und zur Ausführung bringen, aber innerhalb der unaufhebbaren Bedingungen der Praxis, welche Bedingungen selbst bloß theoretisch zu erkennen sind. Dem Guten soll es gut gehen, daher berücksichtige jeder in sich die Bedingungen des Gutgehens, d. h. wende auch der materiellen Seite des Lebens, der körperlichen und den äußeren Gütern, alle Aufmerksamkeit zu. Wo er findet, daß andere das nicht thun, mache er sie darauf aufmerksam durch sein Beispiel, eventuell durch Worte. Er arbeite an sozialen Verhältnissen, in denen jeder das Nötige durch Arbeit ohne Erschöpfung und mit Möglichkeit geistiger Muße erwerben kann u. s. w. Es wird sich mit der Zeit und mit der Verbreitung der Kenntnis davon, worauf es eigentlich hier ankommt, schon manches erreichen lassen. Aber wenn nun eine unheilbare Krankheit den Menschen befällt, wenn Erdbeben Zerstörung materiellen Wohls bringen, wenn Tausende durch Unglücksfälle mancherlei Art zu Grunde gehen? Man widerstehe mit den gesammelten Kräften, so lange man kann, man ergebe sich in Geduld und lasse nie die Hoffnung fahren, aber wenn die Wellen über unserem Haupt zusammenschlagen, so gilt der Trost, daß unser innerster Teil nicht verloren geht, sondern irgendwie wiederkehrt und in erneuter Gestalt aufblühen kann unter Verhältnissen, die vielleicht besser geworden sind gerade durch uns und unsere Mitbemühungen.

Ist aber die Grundannahme bei alledem, daß Zusammenhang wirkender Elemente auf eine einheitliche Ursache dieser Elemente führe, streng bewiesen? Darauf ist zu sagen: einen logischen Widerspruch enthält es nicht, es ist an sich denkbar, daß die Elemente der Welt, unorganische, organische, geistige, zusammenwirken, ohne daß sie von einer einheitlichen Ursache stammen. Irgendwie beschaffen müssen ja die letzten Elemente der Welt sein; sie können sehr mannigfach beschaffen sein, sie brauchten nicht so beschaffen zu sein, daß sie zusammenwirken, wie sie thun, daß sich zugleich eine aufsteigende Zweckmäßigkeit ergiebt. Daß sie so sind, wie sie sind, ohne eine einheitliche Ursache, kann daher nicht als undenkbar in sich behauptet werden, es ist nur nach allem, was wir sonst kennen, gegen alle Wahrscheinlichkeit. Daher eine Welt ohne Gott den meisten vorkommt wie Dinge, auf welche keinen Augenblick Verlaß ist. Wissenschaftliche Religion geht daher von Thatsachen aus, ist ohne Widerspruch in sich und stimmt in ihren weiteren Ausführungen mit den Thatsachen. Das ist alles, was wir in solchem Falle verlangen können, da wir nur nähere Kenntnis vom Relativen haben, uns in das diesem gegenüber Absolute nicht versetzen können.

Wie verhält sich diese wissenschaftliche Religion zu den bisherigen philosophischen Religionsansichten? Sie verwirft den Pantheismus und behält doch die Wahrheit desselben bei. Der Pantheismus behauptete die Zusammengehörigkeit von geistigem und körperlichem in der Welt. Das war seine Stärke; er hatte die Bedingtheit des Geistigen durch das Leibliche erkannt. Er behauptete ferner, daß die Thätigkeit Gottes eben die Welt wäre. Auch dies ist richtig. Aber

Gott selbst zu Geist und Körper zugleich zu machen, war logisch
widersprechend nach dem Begriff gerade der Naturwissenschaft von
Körper als Ausdehnung und Widerstand, während Denken davon
nichts an sich hat. Außerdem braucht die Welt als die Thätigkeit
und das ewige Werk Gottes darum nicht ein Teil oder Stück von
ihm zu sein. Da Gott Denken ist, so kann sie das gar nicht sein
nach ihrer körperlichen Seite; sie kann es auch nicht sein nach ihrer
geistigen, denn Gott als die einheitliche Ursache der Welt, die selbst
ein Vieles, Relatives, Bedingtes ist, kann nicht zugleich dies sein.
Die Schöpfungsvorstellung ist auch nicht erst im späteren Judentum
und im Christentum aufgekommen. Sie war überall im Kleinen
vorausgesetzt, in allen Mythologien und Religionen; denn da wird
immer angenommen, daß Gott oder die Götter Wünsche, d. h. Gedanken der Bittenden, oder eigene Wünsche, d. h. wieder Gedanken,
einfach realisieren, was die schöpferische Thätigkeit einschließt. Plato
und Aristoteles haben die schöpferische Thätigkeit modifiziert, weil sie
ihren Gott nicht bloß als einheitliche Welturfache erschlossen, sondern
zugleich als Idealgutes ansetzten, d. h. sie sprangen von der theoretischen Betrachtung über in die Gefühlsphantasie, in das reine
Idealisieren, und verbanden es mit jenem Gedanken. Da die Welt
nun nicht vollkommen war, so mußte nach ihnen der Grund davon
in ihr liegen, sofern sie von Gott unabhängig war, also eine Werdegrundlage hatte oder bloße Potentialitäten war. Später, als man
die Schöpfung wieder aufnahm, wollte man die Unvollkommenheit
der Welt als der verwirklichten Gedanken Gottes herleiten aus dem
Begriff der Schöpfung. Alles Geschaffene sei aus dem Nichtsein ins
Sein übergegangen, dieser Übergang hänge ihm daher immer nach.
Darum seien die Geschöpfe veränderlich und, als aus dem Nichts her-
vorgegangen, eine Mischung von Sein und Nichts, also notwendig
etwas Unvollkommenes, sehr von Gott Abstehendes. Man hat längst
angemerkt, daß dies lauter Selbsttäuschungen sind. Die Welt ist
aus dem Nichts geschaffen, heißt, sie geht lediglich aus den Gedanken
Gottes hervor, es ist nichts in ihr, was nicht auf Gottes Denken
und Wirken zurückgeht, es ist gerade die platonische Werdegrundlage,
die aristotelische Materie ausgeschlossen. Es giebt daher keine meta-
physische oder begriffliche Notwendigkeit weder der Veränderlichkeit
noch der Beschränktheit und Unvollkommenheit der Dinge. Die Welt,
wie sie ist, fällt auf Gott zurück, aber darum nicht als Anklage:
„warum hast du mich so gemacht?" Es ist damit wie mit Gott selbst.

Gott ist einfach da, ohne weitere Ursache und Grund da, von Ewigkeit zu Ewigkeit da. Er fragt nicht: woher bin ich? denn er weiß, daß er eben schlechthin ist. Ebenso ist der Weltgedanke in ihm und als dieser bestimmte Weltinhalt. Man mag sich wenden und drehen, wie man will, man kommt nicht darum herum. Gott ist nicht Urheber seiner selbst, sondern er ist, wie er ist. Nun werden wir auf ihn theoretisch geführt als die einheitliche Welturjache; wir kommen wissenschaftlich auf Gott nur von unserer Welt aus. Also sind der Gedanke Gottes und der Gedanke der Welt untrennbar verbunden. Das ist wieder das wahre am Pantheismus, daß er lehrte, Gott ist die Einheit der Welt, d. h. die einheitliche Ursache derselben, und nur von ihr aus und um ihretwillen kommen wir wissenschaftlich auf seinen Gedanken. „Gott kann nicht anders sein, als er ist; so kann er auch nicht anders wirken, als er wirkt." Eine Nebenerhärtung erhalten diese Überlegungen dadurch, daß von den Phantasiegedanken über Gott, wenn man von dem Idealisieren an sich ausgeht als dem maßgebenden, man zu lauter Verwirrungen und einander aufhebenden Gegensätzen kommt. An sich denkbar wäre, daß nichts existierte, weder Welt noch Gott. Es schließt das keinen Widerspruch ein. Aber die logische Möglichkeit entscheidet nicht über die Wirklichkeit; thatsächlich existiert die Welt und trägt Eigentümlichkeiten an sich, die auf Gott als einheitliche Ursache derselben führen.

Aber sind dann Gott und Welt nicht notwendig im Sinne des Gezwungenseins u. ä.? Gott ist von Ewigkeit zu Ewigkeit, er ist nicht gefragt worden, ob er sein wolle; er kann sich nicht aus dem Sein hinausführen; er muß in diesem Sinne sein. Aber es giebt auch ein seliges Muß. Man hat dies unbedingte, seiner selbst gewisse Sein daher stets als höchste Seligkeit gepriesen. Mit Gott als Geist, also Denken, ist zugleich die Welt als gedachte und durch dies Denken verwirklichte vorhanden mit den Eigentümlichkeiten, die wir an ihr kennen, und denen, die noch weiter an ihr entdeckt werden. Diese Eigentümlichkeiten sind besonders auch 1) die Entwickelung, d. h. die Veränderungen der Dinge in ihrem Zusammenwirken mannigfacher Art, so daß es ist, als ob die Welt bloß Natur wäre, d. h. Werden aus sich in unaufhörlichen Wendungen, 2) die Möglichkeiten als Idealisierungen. Hier ist der Sitz derselben. Die Dinge selbst enthalten überaus viele Möglichkeiten, die wirklich werden können im Zusammentreffen mit den und den anderen in der Welt enthaltenen Dingen. So hat auch der Geist überaus viele Möglichkeiten, die sich als ästhetische, als religiöse Ideale ausgestalten in der verschiedensten Weise und so unter Umständen höchst wohlthätige Wirkungen ausüben, wenn sie gleich nicht im theoretischen Sinne wahr sind. Diese Welt als ein ganz bestimmtes Gedankensystem hat Gott in sich vorgefunden und als das verwirklichbare vorgefunden und hat es verwirklicht als seine Bethätigung, als sein ewiges Wirken. Sein Leben ist sein Wirken. Aber ist das nicht ein Muß, eine bloße Notwendigkeit? Nicht anders als die seines Seins auch. Sein Sein war da als ein Sein, welches denkt, und einen Kreis von Gedanken wirkt, ohne sein Sein selbst in diesem Wirken gleichsam zu verlieren oder aufzugeben. Unbedingte Thätigkeit, d. h. Verwirklichung von Gedanken bloß durch die Macht des Denkens, hat stets als eine Prärogative, als eine Seligkeit gegolten, der man nur verglichen hat die Thätigkeit des schaffenden Künstlers oder des erfindenden Denkgenies, Thätigkeiten, welche selbst der Pessimismus als reine Beglückungen stehen ließ, nur klagend, daß sie so selten seien und so kurze Zeit ausfüllten auch im Leben derer, welche mit ihnen begnadigt wären. Freilich könnte diese Welt ganz anders sein, als sie thatsächlich ist, „könnte" nicht nur im logischen Sinne genommen, daß man etwas ohne Widerspruch vorstellen kann, sondern auch fast im Sinne realer Möglichkeit; denn wir finden ja einzelne Menschen an Körper und Geist gesund, glücklich und beglückend, und fragen: warum sollten nicht alle so sein können? Die Antwort ist, weil sie eben so nicht im Verstande Gottes, dessen Urheber Gott nicht ist, alle waren. Gerade wie Gott so ist, wie er ist, so ist auch die Welt, die einzige durch Gott real mögliche Welt so, wie sie in Gott von Ewigkeit real möglich war. Plato einigermaßen, noch mehr Aristoteles und Leibniz haben dies klar genug eingesehen. Aristoteles verlegte das real Mögliche in die von Gott unabhängige, bloß durch seinen Geist zur Wirklichkeit angeregten Keime der Dinge, Leibniz glaubte eine begriffliche Notwendigkeit der Unvollkommenheit der Welt geben zu können, die es so nicht giebt; weder die Veränderlichkeit ist wegen der Schöpfung logisch notwendig, noch erfordert die Verschiedenheit der Welt von Gott eine Mangelhaftigkeit, wie wir sie als Schmerz, als Übel und Böses gerade in den lebenden Wesen kennen.

Der Pantheismus hat daher die Welt lieber als Gottes Leben unmittelbar angesetzt, damit Gott gleichsam die Welt nicht zum Vorwurf gemacht werden könne, oder hat die Welt zur Grundlage

Gottes gemacht, Gott sich aus derselben heraus entwickeln lassen,
damit die Vollkommenheit, die nicht ist, am Ende doch werde mit
der Welt in Gott. Es sind das lauter Vorstellungen, die von der
wissenschaftlichen Religion abführen zu den Phantasiegefühlen, die
wir so tausendfältige Träume hervortreiben sahen. Auch der Pessi=
mismus, dessen allgemeiner Weltwille zu Gott gemacht worden ist,
der sich in der künftig aufgeklärten Menschheit von sich selbst befreit,
ist ein solches Traumgebilde. Denn wie kann ein Gefühl des Elends
und der Gleichgültigkeit und Abwendung vom Dasein dies Dasein zer=
stören, wo nach der Wissenschaft dies Gefühl und dieser Wille selbst
bedingt sind durch das (organische) Dasein? Es ist das gerade so ein
Traumgebilde, wie das der Mystiker und Contemplativen, daß das
Denken, sich in Gott versenkend, körperfreie Thätigkeit zu sein ver=
möge. Nach der Wissenschaft sind Materie und Kraft nicht ab= und
nicht zunehmend, und der Geist nicht aus Materie und Kraft herleit=
bar, aber durch beide in komplizierten Verhältnissen bedingt. Der
Geist kann aus sich gar nichts, sondern ist nur thätig unter An=
regung eines Organismus; er kann also weder sich selbst noch die Natur
aufheben. Gott und die Welt in ihm und durch ihn sind gegebene
Wirklichkeiten, nicht noch einmal weiter ableitbar. Die Alten konnten
daher wohl mit Schein von einem Fatum reden, das auch über Gott
herrsche, Schelling von einer unvordenklichen Notwendigkeit, die
Römer von einer fortuna primigenia. Nur sind das alles nicht sehr
geschickte Ausdrücke für ein richtiges Gefühl. Richtig ist, daß Not=
wendigkeit, Zufälligkeit u. ä. nachträgliche Gedanken über eine Sache
sind; um aber solche Betrachtungen anzustellen, muß ein Denkendes
sein. Sein, thatsächliches Sein ist das letzte, worauf man kommt,
und worüber man nicht hinauskann. Wie die Welt ist, so war sie
in den Gedanken Gottes, und so wurde sie von ihm gewollt, d. h.
zur Wirklichkeit bejaht als die einzig mögliche Wirklichkeit. Ob wir
diesen Willen Gottes preisen oder ihm fluchen sollen, muß aus der
Welt selbst gelernt werden, und wird bei jedem anders sein. Die
meisten Menschen legen durch ihren Drang zu leben noch immer Zeug=
nis davon ab, daß sie jenen Willen preisen. Selbst die pessimistischen
Millionen in Asien sind das in ihren Lehren, nicht in ihrem Thun;
denn bekanntlich hat das Volk längst sich wieder Götter und einen
Himmel gemacht, gerade wie das Mittelalter trotz der Erde als
Jammerthal überwiegend kräftig und freudig lebte. Aber die Ent=
wickelungsmöglichkeit der Welt ist noch gar nicht erschöpft. Unlust

ist bei uns vielfach beseitigt oder gemindert (Schmerzausschaltung bei Operationen). Die Ursachen von Unlust und von Lust sind noch wenig erkannt, also ist nicht ausgeschlossen, daß wir beide mehr in unsere Gewalt bekommen. Sicher ist schon jetzt, daß mäßiger Schmerz Anreiz zur Thätigkeit ist und nicht stört; Lust selbst ist nur segensreich für Leib und Geist, wenn sie mäßig ist. Eine gute Konstitution, besonders gute und wohlerhaltene Nervenkraft trägt mehr als alles andere zum Glück des Lebens bei, d. h. zu einem körperlich tüchtigen und geistig frischen Leben, wo das Körperliche durch das Geistige geleitet wird, so daß ein solcher Mensch, wenn er aus dem Leben scheidet, angenehm von demselben gesättigt ist, es gerne noch einmal leben würde und sich der möglichen Wiederkehr seiner Seele in neuen Einleibungen freut.

Was die Lehre von der Wiederkehr der Seelen betrifft als wissenschaftlicher Ersatz der Unsterblichkeit, so haben Plato und die indische Wiedergeburt etwas davon gehabt, ausdrücklich in unserem Sinn hatte sie Gio. Bruno und noch deutlicher Lessing. Dem Pantheismus schwebte dunkel etwas Ähnliches vor, wenn er der Menschheit einen Gesamtgeist unterlegte; denn da war es das gleiche Subjekt, welches die wechselnden Geschicke der Menschheit durchmachte.

Wie ist das Verhältnis der wissenschaftlichen Religion zu den positiven Religionen? Die Einheit Gottes war im Judentum, prinzipiell auch im Christentum, sehr betont im Muhammedanismus, war in Indien, in China, zum Teil mit pantheistischen Vorstellungen von Gott. Die Einheit des Göttlichen war aber auch thatsächlich viel da im Heidentum. Der Grieche erkannte seine Götter wieder bei den Römern, Römer und Griechen sahen in den keltischen, den germanischen Göttern, wo sie Ähnlichkeiten mit den ihrigen zu finden glaubten, diese selbst, nicht genau, aber ungefähr. So folgerte Plutarch aus dem Laubhüttenfest der Juden, daß sie den Dionysos verehren. Hier liegt eine Anerkennung gleicher göttlicher Mächte unter verschiedenem Namen vor. Diese gleichen Gottheiten thaten dann für dies Land dieses, für jenes das u. s. f. Daher hatten die Soldaten Alexanders des Großen kein Bedenken, den Tempel des Bel zu Babylon mitzubauen.

Daß das Leibliche zum Geistigen mitgehört als Bedingung, drückt sich aus in der jüdisch-christlichen Lehre von der Auferstehung des Leibes. Die Seele für sich ist nach Thomas Aquinas als reiner Geist ein unvollständiges Wesen (ens incompletum); sie hat ihre

Bestimmtheit, ihre Charakterisiertheit durch den Leib als materia signata, quantitas determinata (charakterisierte Materie, bestimmte Quantität). Der Totenkult, der so lange auf Erden als ein Hauptstück der Religion bestand, hat dieselbe Grundempfindung; ebenso der Hylozoismus.

Daß die Welt aus Gott ist und doch als wäre sie aus sich, drückt sich stark aus in der vedischen Religion. Gott ist nach der Vedanta wie Feuer und die Seelen sind die davon absprühenden Funken. Daher konnte im Buddhismus Gott gestrichen und Weltlauf und Seelenschicksale ganz positivistisch angesetzt werden. Ebenso haben diese Selbständigkeit der Geschöpfe trotz ursächlicher Abhängigkeit von Gott auszudrücken versucht Plato, Aristoteles, die Chinesen mit ihren zwei Prinzipien: Himmel und Erde. Aller Hylozoismus, der faktisch soviel Götter machte wie wirkende Wesen, enthält dasselbe Gefühl der Selbständigkeit des Irdischen. In der christlichen Auffassung der Freiheit ist derselbe Gedanke.

Kann die wissenschaftliche Religion die überlieferten Religionen stützen oder einer derselben zur Unterlage und zum Anknüpfungspunkt ihrer besonderen Lehren dienen? Stütze oder Anknüpfungspunkt kann die wissenschaftliche Religion sein, sofern durch sie feststeht, daß die Grundannahme der Religion: es giebt einen Gott und die Welt ist seine Schöpfung, objektive Bedeutung hat. Aber korrigieren muß die Wissenschaft das, was die Religionen der Naturvölker und die großen historischen Religionen an sich haben, daß sie Erzeugnisse nicht des Denkens, sondern des Affektes sind, des Gefühls und der Phantasie (Grundlegende Thatsachen S. 112 ff.). Empfindung hat ursprünglich praktisch-biologische und ästhetische Bedeutung (Grundlegende Thatsachen S. 14 ff.); mit der letzteren ist unmittelbar verbunden und entwickelt sich immer mehr daraus die Religion als Gefühl und Phantasie, als Idealisieren (Ebend. S. 112 ff.). Dies Idealisieren ist aber nicht das Höchste, sondern allmählich hat sich bei einigen Völkern des Altertums und noch mehr der Neuzeit eigentliche Wissenschaft entwickelt (Ebend. S. 65; S. 3 ff.). Diese streicht das Wunder, die Weissagungen, die spezielle Vorsehung auch des Christentums, indem sie dafür Wertvolleres, weil reell Verifizierbares und stets Wirksames, setzt (s. o.). Von den übrigen Religionen kann ich hier schweigen, sie sind oft genug von christlich-wissenschaftlicher Seite mit Scharfsinn zergliedert, beruhen aber auf derselben Grundlage von Gefühl und Phantasie (Gemüt) wie das Christentum selbst. Die

Wissenschaft kann aber die Bedeutung der positiven Religionen nach=
weisen und nachfühlen, ohne sie darum für das Höchste und objektiv
Richtige zu halten. Wo die wissenschaftliche Welterkenntnis mit der
Macht, die sie dem Menschen zu geben vermag, noch nicht oder noch
nicht genügend stark entwickelt ist, da stellt sich in Leiden und Not
das Gefühl und die Phantasievorstellung der Hoffnung ein in irgend
einer Form, und es ist das ein Zeichen eines relativ regsamen
geistigen Lebens. In Indien muß mit der Festsetzung in den Ganges=
ländern eine Stimmung von Überreizung sowohl durch Sinnlichkeit
als durch Thätigkeit entstanden sein. Bei regsamem Geist entstand
so die Vorstellung, daß frei sein von Sinnlichkeit und Thätigkeit Selig=
keit sei; so bot sich Freisein von Körper und körperlicher Welt als der
erlösende Gedanke, und man verwirklichte denselben, soviel man nur
vermochte. In der That kann bei einem dem kontemplativen Denken
zugewandten Volke namentlich in den späteren Jahren des einzelnen
so Gemütsruhe und Vorgefühl der Seligkeit entstehen. So bestehen
noch Vedanta und ähnliche Lehren und die damit verbundene Reli=
gion. Der Buddhismus entsprang in den mehr positivistischen Geistern,
welchen sich bloß die Unruhe der sinnlichen und der thätigen Seite
ihres Lebens aufdrängte, und denen Enthaltung von beiden von früh
an leichter fiel und Gemütsruhe brachte. Wir können uns annähernd
das alles vorstellen in der Schilderung, die Aristoteles von der Selig=
keit der Betrachtung giebt und der Unruhe der Thätigkeit, und daß
z. B. im Geschlechtsakt man nicht denken könne, und in dem Segen
der Resignation, welche wir meist erst aus den Erfahrungen des
Lebens lernen, einige aber auch frühe haben. Aber indische und
buddhistische Geistesart, so verständlich sie unter gewissen Bedingungen
sind, sind an sich weder das höchste Geistige noch menschlich wün=
schenswert; die Ausbildung dieser Denkart hat Indien erst dem
muhammedanischen Despotismus unterworfen, dann unter englische
Herrschaft gebracht. Diese Geistigkeit entnervt die Menschen und
bringt gerade um die Selbständigkeit der Nation, welche doch Grund=
lage auch der geistig freien Entwickelung ist. Der Buddhismus hat
die mongolische, einst so kriegerische Bevölkerung schwach gemacht und
ihr doch nur wüste Phantasien als geistigen Ersatz gebracht und die
Unterwerfung unter China. Vielleicht hat die englische Herrschaft in
Indien die Wirkung durch Zuführung europäischer Wissenschaft und
Technik, daß die Reizbarkeit gegen das Leben und seine Schmerzen
überwunden wird; aber dies könnte nur durch physiologische Um=

änderung geschehen, verlangte also eine Umänderung der ganzen Lebensweise, deren Einführung schwer abzusehen ist. Sollte die japanische Zivilisierung nach europäischem Vorbild gelingen, so würde das von dem buddhistischen Element Japans aus einen umändernden Einfluß überhaupt auf den Buddhismus Ostasiens haben können.

Von der Entstehung des Christentums ist schon früher kurz gehandelt. Gleich im Eingang der Bergpredigt erkennt man die durch die Gesetzesreligion seit der Makkabäerzeit veränderte Lage: Götzendienst, wogegen die Propheten so geeifert, wird gar nicht erwähnt, dagegen ist durch das Zeremonialgesetz der höhere religiöse Aufschwung und die sittliche Liebe und Barmherzigkeit bedroht. Sehnsucht und Milde ist die Grundstimmung für Jesu Gottesreich. Aus Leiden erblüht die Hoffnung des Himmels. Vergebende Liebe, höchste Keuschheit, strengste Haltung der Ehe, einfachste Wahrhaftigkeit, größte Nachgiebigkeit gegen Unrecht und gegen jede Bitte, Feindesliebe ist das Wichtige, nicht ceremonielle Art. Für Leibesnotdurft sorgen ist heidnisch; Gott weiß, was wir brauchen. Gott und Reichtum sind nicht verträglich. Das Gottesreich kommt durch Jesus; Bedingung des Eintritts ist zu thun, was er fordert. — Man muß sich erinnern, wen Jesus vor sich hatte: ein Volk überaus erwerbeifrig und dabei im Ceremoniellen fast aufgehend, selbst Almosen und ähnliches war gleichsam ceremoniell geworden; ein Volk, das gegen wirkliches und vermeintliches Unrecht sich gleich aufbäumte (das Banditenwesen stammte mit von daher). Durch die Erwartung baldigen wunderbaren Weltendes war überdies in Jesu gerade der Sinn für die dauernden Grundlagen einer bestehenden menschlichen Gesellschaft (Erwerb, Rechtsschutz und Vertretung seiner Rechte) gering. Es fehlt in der Bergpredigt Wissenschaft, Kunst, technische Kultur, staatsbildende Kraft, während das alles in der griechisch-römischen Welt da war und in seiner Wichtigkeit und Bedeutung für den Menschen erkannt: nach Aristoteles ist die Wissenschaft eine Eigentümlichkeit des Menschen, ebenso Kunst und technische Kultur, Staatsbildung; auch sonst wurde nach allem diesem oder mit einem von diesen der Mensch charakterisiert. Statt dessen wird in der Bergpredigt mitteilende und verzeihende Liebe gepriesen und geduldiges Ausharren in den Nöten des Lebens im Vertrauen auf Gott und sein bald eintretendes himmlisches Reich. Wie diese ältesten christlichen Gedanken, zu denen noch nach den Evangelien auch Wunderthun Christi und der gläubigen Christen gehört, sich umgebildet haben bis zur Neuzeit, davon ist oben nach Harnacks Dogmengeschichte Mitteilung gemacht.

Ganz wie Harnack, der Dogmenhistoriker, sich zum ältesten Christentum stellt, stellt sich auch ein Dogmatiker der gleichen Schule (im weitern Sinne der Ritschlschen) dazu. Herrmann hat noch neuerlich sich so ausgesprochen: „Das wirkliche Erlebnis des Glaubens ist die Unterwerfung des Menschen unter eine Thatsache, die sich ihm aufdrängt und deren erlösende Macht er erleidet. Weil uns die Person Jesu eine solche Thatsache werden kann, deshalb kann Jesus unser Erlöser werden. Das vor allem verbindet uns Christen zur Gemeinde, daß uns aus der biblischen Überlieferung die Person unseres Herrn in den klaren und doch schließlich unbeschreiblichen Zügen ihres inneren Lebens entgegengetreten ist und uns gebunden hat; mit den technischen Mitteln der Geschichtsforschung läßt sich das nicht erzwingen. Kann dies, daß Jesus Wasser in Wein verwandelt habe, oder daß er am dritten Tag auferweckt sei, uns ebenso gewiß werden, wie die Person Jesu, in der das Fleisch keine Macht hat, die uns unüberwindliches Leben zeigt und mit dem Anspruch des Erlösers vor uns tritt? biblische Erzählungen, die auf jeden Fall dem intellektuellen Zweifel ausgesetzt sein können, ohne daß in ihnen selbst eine moralische Macht zu überzeugen liegt. — Wir sollen mit Jesu zusammentreffen und durch seine Macht demütige und unverzagte Menschen werden. Christus kann nur den erlösen, dem er selbst offenbar wird (Gal. 1, 15). Die unmittelbare Anschauung von der Person Jesu allein (ist es, worauf es ankommt). Ist uns aber Christus offenbar geworden, und der Herr unserer Seele geworden, so gewinnen wir auch die rechte Stellung zur biblischen Überlieferung. Der Zweifel wird (dann) an manchen Punkten überwunden und überall unschädlich gemacht. Die heilige Überlieferung ist um unsretwillen da, damit ihr wichtigster Inhalt uns als eine von uns selbst gesehene Thatsache offenbar werde." Herrmann will von den Wundern, selbst der Auferstehung, frei sein oder mindestens die Freiheit haben, die Wunder durch historische Kritik zu verwerfen, und doch Jesum als geistig-sittliches Leben erweckend, und ihn in das richtige Verhältnis zu Gott setzend festhalten, d. h. er giebt der theoretischen Entwicklung moderner Wissenschaft nach, behält sich aber für das Praktische, d. h. für Moral und Hoffnung, die bloß subjektive Gewißheit, daß man das so und so in sich erlebe, vor. Es ist dagegen nichts zu sagen, so lange jemand das als seine individuelle subjektive Art ansieht. Aber jede andere Art ist dann ebenso berechtigt daneben; auch Plato hat etwas das geistig-sittliche Leben anregende, auch Fichte, besonders in seinen mehr populären Schriften, auch außerhalb des Griechentums und der christ-

lichen Welt findet sich und fand sich Ähnliches. Durch ein Wort von
Goethe, durch ein Drama Schillers, auch durch Voltaire sind viele
Menschen geistig-sittlich angeregt und in ein höheres Leben versetzt
worden. Es ist die Harnack-Herrmann'sche Art zur absoluten Re=
ligion zu wenig. Christlich ist nach dem ältesten Christentum Geduld
in Not und Hoffnung auf wunderbare diesseits-jenseitige Herrlichkeit,
Ertragen von Beleidigungen, und daß der, welcher hat, dem giebt,
der nicht hat. Ergebnis moderner Wissenschaft ist, Güter zu ver=
mehren durch technische Kultur auf Grund der Wissenschaft von der
Natur in einem staatlichen Gemeinwesen, welches dem Unrecht wehrt
und allgemeine Wohlfahrt zum Ziel hat. Kunst, ästhetische, ist edle
Erholung. Not und Leiden werden nach Kräften gemildert, der
Mensch nach Leib und Geist möglichst gekräftigt. Beizubehalten ist
aus dem Christentum der Sinn zu helfen; dazu sind die Mittel zu
Besitz und Erwerb zu vermehren und anderen zugänglich zu machen,
und dazu wird erfordert eine Bildung, welche der wissenschaftlichen
Grundlage der Technik gewachsen ist. Das unmittelbar Religiöse
kann nicht beibehalten werden, sondern nur ein mittelbares, Gott
als einheitlicher Weltgrund, doch ohne Willkür.

Diese wissenschaftliche Religion ist weitherzig und doch ernst und
ideal; die Welt ist, was sie ist und wie sie ist, durch Gott, und sie
ist so, weil sie mit all ihrem Inhalt im Denken Gottes war als die
einzig real mögliche, d. h. durch sein Denken zugleich realisierbare.
Danach scheint alles in der Welt notwendig zu sein, und eben da=
durch entschuldbar. Jeder kann ja sagen: ich bin so, wie mich Gott
gemacht hat. Das letztere ist auch ganz und wörtlich wahr. Aber
die Welt ist zugleich so, wie sie im Denken Gottes war, und da
war sie, wie sie ist, als eine Kraft des Werdens und der Entwick=
lung, und durch die veränderlichen Beziehungen der Dinge ist jeder
ein Ding vieler Möglichkeiten. Notwendig, d. h. daß das Gegenteil
undenkbar ist, sind bloß die mathematischen und formal logischen
Sätze, wie sie auch stets sind angesehen worden. Alles andere hängt
ab von Beziehungen zu anderen Dingen und wird mit dem Wechsel
dieser Beziehungen selbst ein anderes. Nicht zwar kann aus allem
alles werden, aber aus dem meisten kann einiges andere werden.
Am größten ist diese Kompliziertheit in den organischen Wesen und
am allergrößten, soviel wir beurteilen können, im Menschen, und da
das geistige Leben bedingt ist durch den Organismus, so hat es über=
aus viele Möglichkeiten, wie denn in jedem Menschen mehrere inhalt=
liche Persönlichkeiten verborgen liegen und sich mehr oder weniger geltend

machen (Grundlegende Thatsachen, S. 82 ff.). Dazu kommt, daß im menschlichen Geist formale Gedanken liegen (Möglich, Ursache u. s. w. Ebendas. S. 79 ff.), durch die er erst recht Herr in Erkenntnis und Wirken über die Natur zu werden vermag. Die verschiedenen Arten zu sein und sich zu geben sind von verschiedenem Werte. Der Mensch kann dieselben erleben, und es giebt eine untrügliche Probe darauf. Bisher hat man den höchsten Wert meist in die Religion gesetzt, jeder in seine. Es ist aber gezeigt, daß diese religiösen Werte subjektiv sind, und daß die Wissenschaft und die auf ihr beruhende Religion objektive Werte sind, d. h. auch verificierbar in theoretischer Hinsicht. Wir können nicht zweifeln, daß auch in den Augen Gottes die gleiche Wertschätzung gilt. Wer daher an der Wissenschaft und an der wissenschaftlichen Religion teil hat, hat an dem teil, was als Höchstes vor Gott gilt. „Aber der Irrende in Religion, in den Ansichten über die Dinge, der Gottesleugner, wer in Lüsten und Ungerechtigkeit gegen die andern Menschen schwelgt u. s. w., alle Greuel und Scheuel, sind die auch von Gott und durch Gott?" Ja, aber sie sind als Stücke einer Welt, welche die Möglichkeit des Andersseins und der Veränderung und Entwicklung in sich haben, und welche mit anderen in Beziehung stehen, welche ihre Art erfahren und davon betroffen werden, und wie sie sich dagegen verhalten können, auch von Gott haben. Daraus ergiebt sich zwar die größte Geduld gegen alles, was anders ist als wir und so bleiben will trotz unseres abweichenden Beispiels und etwaiger Äußerung auch unserer Überzeugung und Darlegung ihrer Gründe; wir lassen den anderen bei seiner Art, falls und soweit er nicht unsere angreift oder bedroht. In diesem Fall aber haben wir auch von Gott die Möglichkeit und den Gedanken und die Freiheit zur Abwehr, bis zur Unschädlichmachung, ev. selbst zum Untergang des Störenden, er freilich auch die Möglichkeit der Gegenwehr. Das ist die Erkenntnis der Wissenschaft und der wissenschaftlichen Religion. Früher war es anders, gerade in der religiösen Phase der Entwicklung war es anders; es ist das ein Beweis, daß die wissenschaftliche Phase der religiösen überlegen ist.

Ich will nicht verschweigen, daß mir zwar die wissenschaftliche Religion aus dem jetzigen Stand der Wissenschaften erwachsen ist, daß sie mir aber in Grundgedanken eine Wiederaufnahme der sog. natürlichen oder Vernunftreligion scheint, wie sie wesentlich durch Aristoteles aufkam, im Mittelalter eine Grundlage der Scholastik war, in Renaissance und im 18. Jahrh. stark da war, nur jetzt mit all den Modifikationen, welche durch Geschichte und Naturwissenschaft seitdem notwendig geworden sind. Auch das Lebensideal des heutigen Menschen kann man für die Erziehung etwa wörtlich nehmen aus Salzmann, dem Philanthropisten: Ziel sei gesunde, verständige, gute und frohe Menschen zu bilden, ebendadurch in sich glücklich und befähigt zur Förderung des Wohles ihrer Mitmenschen kräftig mitzuwirken.

Kann man sich mit der wissenschaftlichen Religion fühlen wie der Christ, der zu Gott stehen möchte wie ein Kind zu seinem Vater? Wem dies Bild subjektiv teuer ist, mag es gebrauchen, es ist aber subjektiv. Denn der Vater ist derjenige, der uns das Dasein gegeben hat, aber auch nicht nach Willkür, sondern indem er gewissen Gesetzen folgte und von diesen abhängig war in Erzeugung und Erziehung. Darum ist der Vater in beiden Hinsichten gar nicht allmächtig, sondern oft sehr beschränkt in dem, was er vermag. Er erzieht auch die Kinder zur Selbständigkeit, daß er ihnen allmählich mehr ein väterlicher Freund und Berater werde, und schließlich kann er selbst der Pflege des Sohnes bedürfen und gleichsam ein Kind werden. Manches davon ist ja auf das Verhältnis zu Gott nach der wissenschaftlichen Religion übertragbar, manches aber auch nicht, und so ist es auch in der christlichen Auffassung.

Der Unterschied der christlich-religiösen und der wissenschaftlichen Auffassung läßt sich an dem Worte Augustins klar machen: „Gehe ja nicht nach außen, kehre in dich selbst ein; im inneren Menschen wohnt die Wahrheit," ein Wort, das noch heute oft bewundert wird. Demgegenüber sagt die heutige Wissenschaft und wissenschaftliche Philosophie: „Wende dich möglichst nach außen; denn alle inneren Anschauungen haben keine Gewähr, mehr zu sein als subjektive Gebilde, wenn du sie nicht außen verifizieren kannst, und auch die Gedanken, welche über das Äußere hinausgehen, müssen ihren Anstoß von daher haben, immer in Beziehung dazu erhalten und durch Folgerungen bewährt werden, die sich außen erproben lassen." Das ist der Grundgedanke Kants, für alle Teile der Wissenschaft und Philosophie ausgeführt; auch die Moral ist immanent, d. h. sie ist Entfaltung höheren geistigen Lebens in uns und in anderen, aber als bedingt durch den Leib und durch die äußere Natur. — Augustin steht aber nicht etwa allein mit seinem Worte. Eusebius H. E. V, 28 schreibt: „Die heiligen Schriften Gottes setzen sie beiseite und beschäftigen sich dafür mit Geometrie als Leute, welche irdisch sind und irdisches reden und denjenigen, der von oben kommt, nicht kennen. Einige von ihnen studieren darum die Geometrie des Euclides mit der höchsten Hingebung, Aristoteles und Theophrast werden bewundert, Galenus von einigen sogar angebetet." Mit Geometrie und Philosophie auf naturwissenschaftlicher Grundlage werden hier gerade die Anfänge zu dem genannt, was in der Neuzeit moderne Wissenschaft geworden ist. Augustin erklärt ferner ausdrücklich: „Zum Glauben gehört nicht die Kenntnis der Natur und der Physik. — Die Gelehrten sind außerdem hier mehr meinend als wissend; für den Christen genügt es, die Güte des Schöpfers als die Ursache schlechthin aller Dinge zu glauben. — Die Ursachen der großen Bewegungen in der Natur braucht man nicht zu kennen; kennen wir doch nicht einmal unsere Gesundheitsverhältnisse, die uns doch am nächsten liegen." Es wird Gott sofort hier religiös gefaßt als Güte, die für alles sorgt und uns daher auch das Forschen nach den Ursachen abnimmt. Nach dem Mittelalter (Thomas Aquinas) wird der Erkenntnistrieb verkehrt, wenn er sich den Creaturen zuwendet, ohne sie auf den gebührenden Zweck, die Erkenntnis Gottes, zu beziehen, und ausdrücklich wird die Vollkommenheit jedes intellektuellen Vermögens in die Abstraktion vom Sinnlichen gesetzt, d. h. idealisierendes Denken mit dem Mittelpunkt Gott ist Aufgabe philosophischer Wissenschaft. Nach Luther heißt „Gott lieben, das Unsichtbare schlechthin und unmittelbar lieben. Der Glaube ist eine Zuversicht auf nicht erscheinende (nicht sinnlich wahrnehmbare) Dinge." Luthers eigene Naturauffassung ist sofort eine religiös-ästhetische: er sieht in der Natur lauter Wunder Gottes, das Liebliche, das ihn darin ergötzt, erinnert ihn sofort an das verlorene Paradies und an künftige Herrlichkeit. Der Schmetterling, aus Raupe und Puppe entstehend, ist ihm ein Hinweis auf die Auferstehung. — Huxley hat noch neuerdings aus eigener Erfahrung erklärt: „Der kirchliche Geist in jeder Gestalt ist der Todfeind der Wissenschaft", und hat diesem Kirchengeist gegenüber für die Wissenschaft das Zeugnis abgelegt: „Es giebt keine Erleichterung für die Leiden der Menschheit als Wahrhaftigkeit im Denken und Thun, und daß man entschlossen der Welt ins Auge sieht, wie sie ist, nachdem man das Kleid von Glaubenmachen, womit fromme Hände ihre häßlichen Züge verborgen haben, abgestreift hat." Hoffen wir, daß der Kirchengeist weniger feindlich gegen Wissenschaft werde, wenn dieselbe sich mit einer wissenschaftlichen Religion wohl vereinbar zeigt, aber ein Unterschied der Auffassungen bleibt zunächst.

Es giebt zweierlei Naturen in der Menschheit, von denen die eine weitaus die verbreitetere ist. Es sind diejenigen, bei welchen jeder lebhaftere Eindruck eine Affekterregung, eine vasomotorische Erregung mit sich führt, wodurch entweder unmittelbar eine erhöhte

Vorstellung des Gegenstandes entsteht oder im Anschluß daran und bezüglich auf den Gegenstand eine solche entsteht (Grundlegende Thatsachen S. 112 ff.). Wir alle erleben den Vorgang noch, wenn wir aus einer drohenden Gefahr unerwartet errettet werden. Es ist uns dann, als ob eine unsichtbare Hand plötzlich eingegriffen hätte zu unseren Gunsten. Kant hat in der Kritik der Urteilskraft bemerkt, wie wir uns gleichsam eines Bedürfnisses entledigt fühlten, sobald es uns gelungen, in einem mannigfaltigen von Erscheinungen ein Gesetz zu entdecken. Wir sind dann überrascht erfreut, daß die Erscheinungen zu unserer Geistesart stimmen, und sehen darin Zweckmäßigkeit und letztlich einen ordnenden Geist. Es giebt nun Naturen, die noch beständig unter Wundern wandeln oder stets von Göttlichem umgeben sind. Oft sind es auch schreckhafte und ängstliche Vorstellungen, die durch die Affekterregungen entstehen; dann hat Aberglaube im schlimmen Sinn statt, oder Gott ist erzürnt und muß versöhnt werden. Diese Naturen sind die religiösen Naturen, teils spontan religiös, teils receptiv religiös. — Viel seltener sind die wissenschaftlichen Naturen, welchen zwar auch Affekterregung durch einen lebhaften Eindruck entsteht, aber es ist der Affekt der thätigen Verwunderung, was das näher besehen wohl sei, das uns so überrasche oder fessele (das platonische und aristotelische θαυμάζειν). Dieser Affekt führt oft nur zu Gedanken über den Vorgang auf Grund früherer oder sonstiger Wahrnehmungen, seltener auf genauere Betrachtung des Gegenstandes selbst. Das letztere ist Fundament der eigentlichen Wissenschaft, aber auch da dauerte es noch lange, bis entdeckt wurde, daß das Quantitative das Wesentliche in der Welt ist und Ursache und Wirkung uns nur in der Regelmäßigkeit der Folge und der quantitativen Abhängigkeit des b von a gegeben ist. Von Haus aus überwiegt die qualitative Auffassung und eine Ausbeutung derselben nach inneren, der religiösen Auffassung verwandten Gedanken. Von der religiösen sowohl wie der wissenschaftlichen Auffassung unabhängig ist die praktisch-biologische Bedeutung der Empfindung, d. h. daß uns durch Empfindung der und der Trieb entsteht und sich Befriedigung sucht; er kann sich aber mit religiöser und wissenschaftlicher Auffassung verbinden. Jetzt ist es ausgemacht, daß auch für das praktisch-biologische die wissenschaftliche Auffassung die wirksamere ist, wie in der Hygiene und Medizin man seit langem mit großem Erfolge dieser Verbindung folgt, auch bei Krankheiten nicht bemerkt hat, daß die Religiösen mehr davor bewahrt bleiben oder leichter heilen, als die, welche sich nach den wissen-

schaftlichen Regeln in beiden Beziehungen richten. Auf das geistig=
sittliche Leben erleidet dies eine analoge Ausdehnung (s. mein
Handbuch der Moral). Da die religiöse Natur an der Konstitution
liegt, so kann und soll sie nicht gewaltsam gestört werden. Man
kann nur die nötige wissenschaftliche Anregung zuführen in An=
knüpfung an die wissenschaftliche Religion, welche die instinktive Re=
ligion als subjektiv in mannigfachen individuellen Arten bestehen läßt
und diesen zugleich eine objektive Religion korrigierend zugesellt. All=
gemein menschlich kann die wissenschaftliche Religion sein.

Die Stufen menschlicher Entwicklung sind daher: zuerst ist das
geistige Leben des Menschen praktisch=biologisch und ästhetisch und
der Mensch sieht in der Natur ein leiblich=geistiges Leben wie bei
sich (Hylozoismus in mannigfachster Form). Dann kann er sich
der geistigen Momente bewußt werden, welche nicht aus der Em=
pfindung herleitbar sind, er idealisiert danach den Hintergrund der
Welt und seine eigene Aufgabe (griechische Philosophie, indische
Religion und Philosophie, der prophetische Mosaismus, das Christen=
tum). Drittens, in der neueren Wissenschaft und der davon be=
herrschten Entwicklung wird es klar, daß das Idealisieren und das
nicht aus der Empfindung Ableitbare des menschlichen Geistes darum
nicht aus sich mächtig (praktisch) und entscheidend (theoretisch) ist,
daß aber diese Momente des Geistes ihre Bedeutung haben als
Exaktmachen der Erfahrung und als Formalbegriffe zur Bemeisterung
derselben: Wissenschaft bedarf der Verification, der menschliche Geist
ist (theoretisch und praktisch) bedingt, wird aber durch Erkenntnis
seiner Bedingungen erst recht mächtig, Gott wird erschlossen als ein=
heitliche geistige Welturfache. In den Anfängen der 3. Stufe stehen
wir. An dieser möglichen Entwicklung nehmen alle Seelen teil, ge=
rade wie die Atome an den Stufen der Naturentwicklung teilnehmen.
Die Wissenschaft kann, weil sie auf allgemein aufzeigbare oder er=
schließbare Momente ausgeht, das versöhnende und ausgleichende
Band der Menschheit werden, wie sie schon das Machtelement der=
selben geworden ist; denn alle großen Fortschritte der Neuzeit im
leiblichen und geistigen beruhen auf ihr, die mit einer Gotteslehre ab=
schließen kann, in welcher die Richtung von Aristoteles und Leibniz,
den beiden nachwirkendsten Denkern aus Altertum und Neuzeit, ver=
schmolzen ist, und die doch aus dem wissenschaftlichen Thatbestand
sich auch ohne Rücksichtnahme auf diese beiden Männer aufdrängt.